가장 쉽게 배우는 지식산업센터 투자 노하우

실전!
지식산업센터

저자 성치경(아파왕)

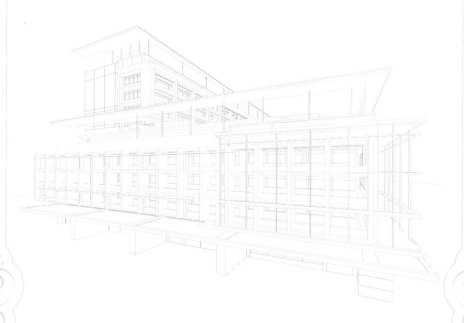

WellBook

Well Life, Well Book

실전! 지식산업센터

1판 1쇄 발행_ 2021년 9월 3일

지은이 성치경(아파왕)

발행인 임종훈

관리 박란희

디자인 인투

출력/인쇄 정우 P&P

주소 서울시 마포구 방울내로 11길 37 프리마빌딩 3층

주문/문의전화 02-6378-0010   **팩스** 02-6378-0011

홈페이지 http://www.wellbook.net

발행처 도서출판 웰북   **정가** 17,000원

ISBN 979-11-86296-66-0 03320

실전!
지식산업센터

가장 쉽게 배우는 지식산업센터 투자 노하우

저자 성치경(아파왕)

Well Book

Well Life, Well Book

초불확실성의 시대에 노후를 위한 안정적인 수익형 부동산을 운영하라

가끔 악몽을 꿀 때가 있다. 남자 대부분이 그런 것처럼 청년 시절에는 군대에 다시 입대하는 꿈을 꾸었었다. 그러던 어느 순간 이 악몽의 레퍼토리가 바뀌어 버렸다. 예전에 직장생활을 할 당시, 다니던 회사가 너무 싫어 결국 그만두었다. 꿈속에서 백수가 된 나는 일자리를 찾지 못해 그렇게 싫어서 나온 예전 회사 앞을 기웃거린다.

그 꿈에서 깨어날 때마다 몸속 깊이 절망감을 느끼곤 했다. 필자에게는 군대에 다시 입대하는 꿈보다도 끔찍한 악몽이다. 그 악몽에서 깨어날 때마다 생각했다. '만약 나에게 대출 이자를 제외한 순월세 임대소득이 한 달에 약 600~700만 원 이상이 생긴다면 이런 악몽을 꾸지 않을 텐데….'

누군가 지금 당장 백수가 된다 해도 이 정도 월세가 들어오는 시스템을 구축해 놓는다면 이런 악몽을 꾸지는 않을 것이다. 물론 필자도 이 목표에 근접해서 이제는 이런 악몽을 잘 꾸지 않게 되었다.

무역회사 퇴사 후 독립하여 무역회사를 차렸다. 30년도 더 된 낡고 쓰러져가는 오피스 건물에서 월세 50만 원을 내면서 사업을 시작했다. 무역업을 하다 보니 해외에서 바이어가 방문하는 일도 자주 있었는데, 너무 낡은 사무실을 보여주는 것이 창피했었다. 깨끗하고 번듯한 지식산업센터로 사무실을 이사하려 알아보니 월세가 너무 높았다. 월세를 내느니 차라리 대출을 받아 지식산업센터를 매입하면 대출 이자가 월세의 절반도 안 된다는 것을 깨달았고, 바로 대출을 받아 지식산업센터를 매입하여 사옥을 마련했다.

2014년 초 당시 전용 27평짜리를 2억 원에 매수했다. 임대 시세는 150만 원이었는데, 대출 실행을 안 했을 때의 자기자본수익률이 무려 9%나 나오던 시절이었다. 레버리지 효과를 활용하여 대출을 최대한 받아 투자했다면 약 2억 원으로도 대출 이자를 제외하고 월 500만 원이 넘는 순월세 임대소득을 창출할 수 있었던 시절이었다.

사실 이 당시에도, 수익률이 높다는 것은 어렴풋이 알고 있었지만, 사업이 잘되고 있었기에 150만 원이라는 월세가 크게 와닿지 않아서 본업인 사업에만 모든 집중을 했다.

그러다가 2017년에 지식산업센터를 분양받기 시작하고 주변 사람들에게도 권하면서 좋은 물건을 소개해줘 고맙다는 감사의 말을 듣게 되었다.

'단순히 물건 추천만 해줬는데 고맙다는 얘기도 듣고, 밥도 얻어먹고 하는데, 이걸 업으로 삼아도 괜찮지 않을까?'라는 막연한 생각도 들었다.

그러던 와중, 사양산업이던 필자의 사업이 기울기 시작했다. 미래가 없어 보이는 사업을 계속 꾸역꾸역 이끌어 가고 싶지 않았다. 그렇다고 직장생활을 다시 하고 싶지도 않았다.

결국 한번 더 도전해 볼 수 있는 나이라고 판단하여 공인중개사 자격증을 취득했고, 지식산업센터 분양직원으로 전업을 하게 되었다.

사업을 접고 공인중개사 자격증 공부를 하던 시절, 수입은 당연하게 줄어들었다. 진작 월세소득이 달마다 들어오도록 흐름을 구축해 놓았더라면 이런 상황에 부딪혔을 때 든든한 버팀목이 되어 주었을 터라는 후회도 했다.

필자는 지식산업센터 실입주자의 입장도 되어보았고, 투자자 입장도 되어보았다. 지식산업센터 전문 분양직원으로 전업한 지금도 노후 준비를 위하여 투자를 병행하고 있다.

과거 지식산업센터 실입주자 시절부터 지금까지 얻은 나름의 노하우를 담아 독자분들에게 소개해 드리오니 많은 도움이 되기를 바란다.

저자 성치경 (아파왕)

차례

PART 01

지식산업센터
이론편

지식산업센터란 무엇인가

지식산업센터란 쉽게 말해 아파트처럼 생긴 건물의 공장이다. '동일 건축물 안에 다수의 공장이 동시에 입주할 수 있는 다층의 집합건물'이라고 정의할 수 있다. 예전에는 아파트형공장이라고 불렸으나, 명칭이 바뀌어 요즘에는 지식산업센터로 불린다.

> **지식산업센터의 사전적 의미**
> 동일 건축물에 제조업, 지식산업 및 정보통신사업을 영위하는 자와 지원시설이 복합적으로 입주할 수 있는 다층형(3층 이상) 집합건축물로서 6개 이상의 공장이 입주할 수 있는 건축물

지식산업센터에 입주할 수 있는 시설로는 제조업, 지식기반산업, 정보통신산업, 그 밖에 특정 산업의 집단화와 지역경제의 발전을 위한 산업단지관리기관 또는 시장, 군수, 구청장이 인정하는 사업을 운영하기 위한 시설, 그리고 벤처기업을 운영하기 위한 시설 및 입주업체의 생산 활동을 지원하기 위한 금융, 보험업 시설, 기숙사, 근린생활시설 등이 있다.

지식산업센터의 용도를 보면 제조형 공장으로 사용하는 경우는 별로 없고, 주로 IT 관련 회사나 벤처회사 또는 지식기반 사업을 하는 회사 등이 사무실 용도로 사용을 하고 있다. 그런 이유로 제조업 느낌의 '아파트형공장'이라는 명칭이 맞지 않아 2010년부터 '지식산업센터'로 명칭이 바뀌었다.

현재는 소프트웨어개발, 게임개발 등의 IT 관련 업종, 벤처, 엔지니어링, 컨설팅 등 많은 업종에서 본사 사무실이나 연구소 등으로 사용하고 있다.

CHAPTER 02 산업단지란 무엇인가

산업단지는 공장(제조업) 및 지식산업, 정보통신산업 등이 입주하는 산업시설구역과 입주업체 지원을 위한 병원과 상가 등이 입주하는 지원시설구역, 그리고 소방서, 경찰서 등 공공시설이 입주하는 공공시설구역이 복합적으로 설치될 수 있도록 포괄적으로 지정, 개발되는 일정 구역의 밀집 지역이다.

산업단지 내 토지는 용도별 구역(산업, 지원, 공공, 녹지)으로 구분되어 그 용도에 맞게 관리된다.

모든 산업단지에는 관리의 세부적인 내용을 정한 관리 기본계획이 수립되어 있으며, 그 계획에 따라 입주 가능 업종, 입주 자격 등을 준수해야 한다.

산업단지는 국가 산업단지와 일반 산업단지로 구분되며, 아래와 같은 차이가 있다.

국가 산업단지는 '국토교통부'가 사업 주체이며, 일반산업단지는 '지방자치단체'가 사업 주체이다. 그리고 국가 산업단지의 입주업무 수행기관은 '한국산업단지공단'이며, 일반 산업단지의 입주업무 수행기관은 '지방자치단체' 또는 '산업단지관리공단'이다.

우리에게 가장 익숙한 국가 산업단지가 바로 '디지털단지'일 것이다. 구로디지털단지와 가산디지털단지가 바로 국가 산업단지이다.

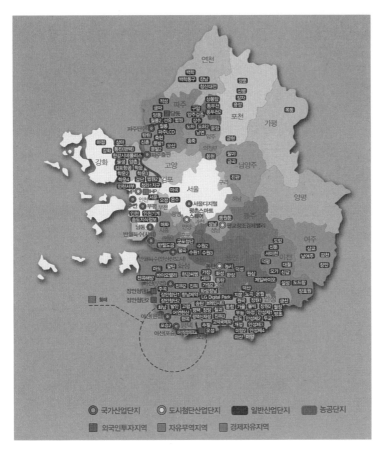

▲ 서울 및 경기도에 있는 산업단지 현황

산업단지는 원칙적으로 임대투자자들의 임대사업이 허용되지 않는 지역인데, 이걸 잘 모르는 상태로 산업단지 안의 지식산업센터에 투자하는 투자자들이 의외로 많다. 그리고 지식산업센터 분양직원들도 투자자들에게 이러한 부분에 대하여 제대로 설명하지 않고 투자하게 시키는 경우도 많으니 주의해야 한다.

2018년에 산업단지 내 지식산업센터의 일반인 임대를 허용한다는 뉴스도 나왔었지만, 지금은 흐지부지 쏙 들어간 상태이며 아마도 이번 정권에서는 법 개정이 안 될 것으로 보인다.

산업단지에서의 입주 및 임대 절차는 아래와 같다.

1 산업단지 입주 기본 절차

입주계약 신청서 제출
▼
입주계약 체결
▼
공장설립 완료신고서 제출
▼
현장실사
▼
공장등록
▼
사업 영위
▼
계약변경 / 임대 / 처분

▲ 산업단지 입주 관련 근거 법률(산업집적활성화 및 공장설립에 관한 법률)

2 산업단지 입주계약 체결

- 신청기관 : 한국산업단지공단, 지자체 등
- 절차

입주계약변경 신청	신청서류 : www.factoryon.go.kr (고객자원 → 게시판→ 공장설립 자료실)
▼	
신청(신고)사항 검토	변경증빙서류 및 사업계획서 검토
▼	
입주변경계약체결	신청일로부터 5일 이내 처리

3 산업단지 입주계약 변경

- 신청기관 : 한국산업단지공단, 지자체 등
- 변경내용 : 회사명, 대표자, 업종, 부지 · 건축면적

• 절차

입주계약변경 신청	신청서류 : www.factoryon.go.kr (고객자원 → 게시판→ 공장설립 자료실)
▼	
신청(신고)사항 검토	변경증빙서류 및 사업계획서 검토
▼	
입주변경계약체결	신청일로부터 5일 이내 처리

④ 공장설립 완료(사업개시) 신고

• 신청기관 : 한국산업단지공단, 지자체 등
• 신청기간 : 기계 · 장치 설치일로부터 2개월 이내
• 구분 : 제조업 – 공장설립 완료 신고, 비제조업 – 사업개시 신고
• 절차

공장설립 등의 완료신고서 / 사업개시신고서 제출	신청서류 : www.factoryon.go.kr (고객자원 → 게시판→ 공장설립 자료실)
▼	
현지 확인심사	입주계약 사항과 일치여부 확인
▼	
공장등록	신청일로부터 3일 이내 처리

⑤ 산업단지 공장 등의 임대

• 신청기관 : 한국산업단지공단, 지자체 등
• 임대조건 : 제조업은 공장등록, 비제조업은 사업개시 신고 이후 임대 가능
• 임대방법 : 일부 유휴공간 임대는 임대 신고, 전체 임대는 임대사업자로 입주
  계약 변경 후
• 임대기간 : 5년 이상(임차인의 요청이 있는 경우 1년 이상)

공장설립 등의 완료신고서 / 사업개시신고서 제출	신청서류 : www.factoryon.go.kr (고객자원 → 게시판 → 공장설립 자료실)

▼

현지 확인심사	입주계약 사항과 일치여부 확인

▼

공장등록	신청일로부터 3일 이내 처리

⑥ 산업단지 입주

• 사업장 전체 임대시

임대사업자 입주변경계약 신청	신청서류 : www.factoryon.go.kr (고객자원 → 게시판→ 공장설립 자료실)

▼

임대사업계획서 심사	임대사업계획서 검토 확인

▼

입주변경계약 체결	신청일로부터 5일 이내 처리

▼

임차자 입주계약 신청	신청서류 : www.factoryon.go.kr (고객자원 → 게시판→ 공장설립 자료실)

▼

임차자 입주계약 체결	신청일로부터 5일 이내 처리

▼

임대자 임대계약기간 준수	5년 이상 임대사업 유지

• 사업장 일부 임대시

임대신고서 제출	신청서류 : www.factoryon.go.kr (고객자원 → 게시판→ 공장설립 자료실) 신청일로부터 7일 이내 처리

▼

임차자 입주계약 체결	신청일로부터 5일 이내 처리

지식산업센터와
일반 오피스 건물의 차이점

지식산업센터와 일반 오피스 건물의 차이점에 대해 모르는 분들이 생각보다 많다. 둘 다 업무용으로 지어진 건물들이지만 지식산업센터와 오피스 건물의 차이점은 많다.

첫째, 지식산업센터는 '산집법'(산업집적활성화 및 공장설립에 관한 법률)을 따르며 그에 따라 연구소 설립 및 공장등록도 가능하다.

둘째, '조세특례제한법'과 '지방세특례제한법'에 해당하는 세제 감면 혜택을 받을 수 있다. (취득세, 재산세, 법인세 감면 등)

이에 반해, 일반 오피스 건물은 말 그대로 오피스이다. 일반적인 업무용 구조로 지어졌으며, 세제 혜택도 없다.

셋째, 지식산업센터에서는 산업용 전기 사용이 가능하며, 일반 오피스 건물에 비해 관리비가 50% 이상 저렴하다. (평당 기본관리비 : 5,000원 내외)

예전에 필자가 사업을 처음 시작했을 때 일반 오피스 건물에서 월세를 내며 임차인으로 있었는데, 분양면적이 20평짜리인 그곳의 한 달 관리비는 20만 원 가까이 나왔다. 이후, 구로디지털단지의 지식산업센터에 분양면적 40평짜리 사무실을 마련하여 입주했는데, 사무실 평수는 두 배로 커졌지만 관리비는 20만 원도 채 되지 않았다.

하지만 지식산업센터라고 무조건 산업용 전기를 사용할 수 있는 것은 아니다. 지식산업센터의 산업용 전기 적용 규정은 아래와 같다.

산업용 전기 적용 규정
❶ 실제 제조설비를 갖추고 제조 활동을 하는 경우는 산업용 전력 적용
❷ 실제 제조설비를 갖추고 제조 활동을 하는 구획의 사용자와 동일한 고객이 지식산업센터와 인접한 구획에서 사용하는 사무실은 지식산업센터의 부대설비로 인정하여 산업용 전력 적용
❸ 제조시설을 갖춘 제조업체가 아닌 사무실, 기타 상업용 시설 등은 일반용 전력을 적용

결론은 산업용 전기 사용은 제조업만 가능하며 그 업체가 사용하는 사무실까지만 가능하다.

넷째, 일반 오피스 건물에 비해 공장에 필요한 시스템(호이스트, 드라이브인 시스템 등)을 갖추고 있어, 제조업 사업 영위에 유리하다.

다섯째, 지식산업센터는 분양(매입)시 분양가의 80~90%까지 융자가 가능하지만, 일반 오피스 건물은 분양(매입)시 60~70%까지만 융자가 가능하기 때문에 지식산업센터에 비해 실투자금이 많이 들어간다.

지식산업센터 연면적

연면적이란 건물 각 층의 바닥면적을 모두 합한 전체 면적을 말한다.

아파트는 새대수가 많을수록 좋다. 대단지일수록 관리비도 적게 나오고, 편의시설 및 복리 시설들이 많이 들어오기 때문이다.

지식산업센터의 규모는 연면적으로 따지는데, 연면적이 클수록 관리비도 적게 나오고 구내식당, 은행, 무인 우편 창구, 문구점, 일반음식점 등 각종 부대시설 및 편의시설들이 많이 들어올 수 있다.

지극히 주관적인 기준이지만 필자는 지식산업센터의 연면적 기준을 다음과 같이 생각한다.

> • 1만 평 이하 – 작은 규모
> • 1만 평~2만 평 사이 – 적당한 규모
> • 2만 평 이상 – 큰 규모

연면적이 1만 평 이하로 작으면 어떤 단점이 있을까?

첫째, 1군 시공사가 안 붙는다.

연면적 1만 평 이하 작은 규모의 지식산업센터에는 대우건설, SK건설, 현대건설 등 1군 브랜드 시공사가 아닌 네임 밸류가 다소 낮은 시공사가 선정되는 경우가 많다.

둘째, 중도금 대출 은행이 제2금융권이 될 수 있다.

2019년 금융위원회에서는 제2금융권 대출을 받았다는 사실만으로 신용등급이 크게 하락하여 금리나 대출 한도에서 불이익을 받는 일이 없도록, 제2금융권 이용자의 신용점수와 등급을 산출할 때 대출의 특성을 평가에 반영해 신용 위험을 세분화하도록 개선했다고 밝혔다. 하지만 웬만하면 대출은 제1금융권에서 받는 것이 좋다. 그런데 연면적 1만 평 이하의 소규모 지식산업센터들은 중도금 대출 은행이 제2금융권으로 지정되는 경우가 종종 있다. 잔금 대출과 달리 중도금 대출 은행은 분양권자가 마음대로 지정할 수 없으므로 지정된 은행에서 중도금 대출을 실행할 수밖에 없다.

셋째, 관리비가 비싸다.

아무래도 연면적이 큰 것보다 연면적이 작은 지식산업센터의 관리비는 비싸게 나올 수밖에 없다.

그런데 연면적이 큰 지식산업센터는 초기 공실률이 높다는 단점이 있다. 연면적이 큰 만큼 호실 개수가 매우 많으므로 그 많은 호실이 공실 없이 다 차려면 다소 시간이 걸릴 수밖에 없다. 그래서 뭐든지 적당한 게 좋다고 생각하는 필자는 연면적 1만 평~2만 평 사이의 적당한 규모를 선호하는 편이다.

지식산업센터 상품구성

이제부터 지식산업센터를 구성하고 있는 상품을 세부적으로 들여다보도록 하자.

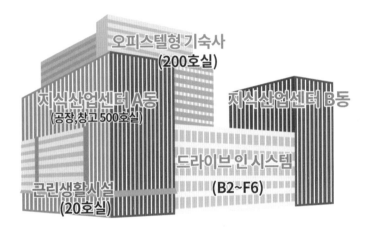

오피스텔형 기숙사
(200호실)

지식산업센터 A동
(공장, 창고 500호실)

지식산업센터 B동

드라이브인 시스템
(B2~F6)

근린생활시설
(20호실)

1 지하창고

주로 지하 2~4층에 위치하는데, 건축물대장에는 '공장(창고)'이나 '지원호실(창고)'로 표기되기도 한다. 말 그대로 창고 용도로만 사용되는 공간이라 시스템 냉난방기가 시공되어 나오지는 않고, 주로 지상층 지식산업센터에 입주한 기업에서 창고 공간이 별도로 필요할 때 사용한다. 참고로 영등포와 성수동은 지하창고에 대한 수요가 많은 지역이다. 단 지하창고는 대출이 약 60% 정도밖에 나오지 않는 단점이 있다.

② 지하공장

주로 지하 1~2층에 위치하며, 지상층 가격의 약 2/3 정도 수준으로 저렴하다. 제조업이나 물류 운송이 필요한 기업들이 주로 사용하는데, 지하에 위치하다 보니 채광이나 통풍, 환기에서 단점이 있어 사무실 용도로만 사용하는 기업들은 지하공장을 사용하지 않아 용도가 제한적이다. 그렇다 보니, 채광과 통풍, 환기가 되는 '지하 썬큰'에 위치한 지하공장이 인기가 많다.

TIP

썬큰(Sunken)

썬큰(Sunken)이란 단어는 '움푹 들어간', 가라앉은'이라는 의미이다. 지하에 자연광을 유도하기 위해 대지를 파내고 조성한 공간을 말한다. 썬큰을 설치하면 바람의 유입이 많아져 한결 쾌적한 자연 공기를 느낄 수 있으며, 어두운 공간에 햇빛을 유도해 밝은 공간에서 생활할 수 있다는 장점이 있다.

자연채광
자연 채광을 유도하여 지하층 개방성을 향상시킴

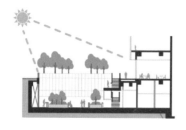 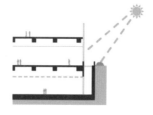

공기순환
자연 환기를 유입하여 친환경적 공간 계획

 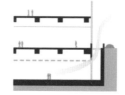

▲ 썬큰(Sunken)의 예시

가격은 지상층 호실들에 비하여 2/3 수준이지만, 임대료는 지상층 호실들의 3/4 수준으로 받을 수 있어 지하공장에 잘 투자하면 꽤 높은 임대수익률을 거둘 수 있다.

❸ 근린생활시설(상가)

말 그대로 상가이며, 주로 지하 1층~지상 2층에 위치한다. 최근에는 코로나19로 인해 부동산에서 가장 큰 타격을 받은 분야가 상가이다 보니, 투자 목적으로는 편의점, 부동산, 커피숍과 같은 독점 지정자리를 제외하고는 투자를 권유하고 싶지 않다.

'독점 지정 상가'는 해당하는 업종에 대하여 그 건물에서 독점으로 영업할 수 있도록 처음부터 지정하여 분양하는 상가를 말한다. 편의점, 부동산, 커피숍은 일반적으로 임차인이 선호하는 업종이기 때문에 독점권을 주지 않으면 해당 업종이 많이 입점하여 추후 모두 손해를 볼 수 있다. 그래서 이런 부작용을 방지하기 위하여 독점으로 지정하는 경우가 많이 있는데, 독점 지정 상가가 없는 지식산업센터도 있다.

시행사에서는 분양계약 시 독점으로 지정되는 업종의 지정호실 이외에는 다른 호실에서 같은 업종의 사업을 할 수 없다는 내용을 다른 상가 분양계약서에 기재하는 등 안전장치를 걸어 두어 독점 지정 상가 업종을 보호한다.

이런 독점 지정 상가 자리들은 인기가 높은 편이라 1개 호실만 분양받을 수 있는 경우는 거의 없고 보통 2개 호실씩 묶음 분양을 하기 때문에 금액대가 큰 편이다.

❹ 지원업무호실

지원업무호실은 말 그대로 업무를 지원해주는 업종들이 들어오는 호실이라고 생각하면 쉽게 이해할 수 있을 것이다.

세무사, 회계사, 법무사, 관세사, 특허법인 등은 지식산업센터 호실에 입주할 수 없는 업종들인데 이러한 업종들이 주로 지원업무호실에 들어온다. 지식산업센터에 입주할 수 없는 대표적인 업종인 유통, 도소매 업종도 지원업무호실에 들어올 수 있다. 지식산업센터에 비하여 업종 제한이 없는 것이 장점이다.

가격은 지식산업센터 호실과 비교해 평당 100만 원가량 비싼 편인데, 대신 임대료를 지식산업센터 호실보다 조금 더 높게 받을 수 있다.

이런 지원업무호실은 임대투자자들의 임대사업이 허용되지 않는 국가산업단지인 디지털단지에서 임대투자자들의 인기가 높은 편이다. 산업단지 내에 위치해 있지만 산업단지관리공단의 관리를 받지 않아 임대사업이 자유롭다.

단점으로는 대출 시 소액보증금 명목으로 서울에서는 2,200만 원을 제한 후 대출금이 나오고, 경기도에서는 1,900만 원을 제하고 대출금이 나오기 때문에 지식산업센터 호실보다 실투자금이 많이 든다.

5 기숙사

기숙사는 풀옵션 원룸 오피스텔이라고 생각하면 되는데, 지식산업센터에서는 '기숙사'라는 명칭으로 불린다. 기숙사는 오피스텔과 대비했을 때 아래와 같은 장점들이 있다.

❶ 전용율 및 관리비

전용율이 오피스텔보다 높고, 관리비도 주택용 전기가 아니므로 오피스텔보다 저렴하다.

❷ 주택용 가구 수 미포함

오피스텔은 주거용으로 사용하면 가구 수에 포함되어 1가구 2주택이 되나, 기숙사는 주택법상의 주택이 아니므로 전입신고가 어려워 주택용 가구 수에 미포함된다.

❸ 편리한 인프라

단독건물인 오피스텔에 비해 지식산업센터에는 은행, 구내식당, 커피숍, 무인 우편 창구 등 각종 부대시설 및 편의시설이 있어서 생활하기 쾌적한 환경이 조성된다. 최근에는 지식산업센터가 점점 진화하고 있어서 영화관, 피트니스 센터 등의 문화시설을 갖춘 곳도 많아지고 있다. 필자가 만약 미혼이었다면 지식산업센터 내 기숙사에서 살았을 것 같다.

❹ 임대료 연체율이 적음

기숙사는 회사에서 직원들 복리후생을 위하여 숙소를 제공해주는 개념이다. 실제로 회사에서 임차하여 사용하는 경우도 많아 일반 오피스텔 대비 월세 연체율이 적다.

❺ 넉넉한 주차공간

오피스텔 주차대수는 호실당 0.3~0.5대이나 기숙사는 호실당 1.5~3대로 주차공간이 넉넉하다. 지식산업센터 내 근무하는 직장인들은 저녁이 되면 퇴근을 하고, 기숙사 입주민은 퇴근 후에 입실하기 때문에 동선이 달라 주차장을 넓게 사용할 수 있다. 퇴근 시간 이후 지식산업센터 주차장을 보면 비어있는 주차공간이 많은 것을 볼 수 있을 것이다.

이처럼 오피스텔과 대비했을 때 여러 부분에서 장점이 많지만, 지식산업센터 호실과 달리 대출이 약 60%밖에 나오지 않는다는 단점이 있다.

⑥ 라이브 오피스

예전에는 없었지만, 지식산업센터가 점점 진화하면서 최근에 나온 상품이다. 라이브 오피스는 라이브(LIVE)와 오피스(OFFICE)의 합성어로 사무실에서 주거도 같이 해결한다는 뜻이며 사무실과 화장실, 복층 공간, 붙박이장까지 있는 구조이다. 라이브 오피스는 생긴 것은 기숙사와 비슷하지만, 앞에서 말한 기숙사의 대출이 적게 나온다는 단점을 보완했다. 용도가 공장으로 나오기 때문에 지식산업센터 호실처럼 대출이 80% 가능하다.

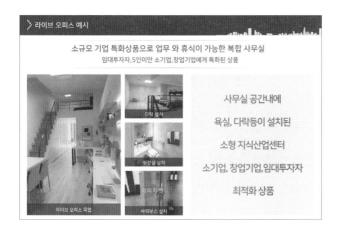

바닥난방이 안 되다 보니, 기숙사보다 평당 약 100만 원가량 저렴하고 별도 인테리어 공사가 필요 없다. 최근 1~2인 기업, 스타트업 등의 창업이 많아져서 소호 오피스와 주거까지 가능한 라이브 오피스의 수요가 증가함에 따라 인기를 끌고 있는 상품이다.

☷ 드라이브인 시스템 호실

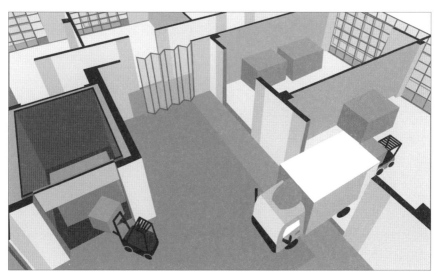

▲ 드라이브인 호실 그림

주로 제조업 및 물류 운송이 필요한 업체들이 사용하는 호실이다. 호실 앞까지 차가 올라가서 물류 상하차를 할 수 있는데, 제조특화 지식산업센터에서는 2.5t 트럭 또는 5t 트럭까지 호실 내부로 진·출입이 가능하다.

드라이브인 호실은 업무용 오피스 호실과 반대로 저층부일수록 가격이 더 비싸고, 선호도가 높다. 아무래도 드라이브인 호실이다 보니 차를 타고 여러 층을 올라가야 하는 고층부보다 저층부가 좋을 수밖에 없다.

드라이브인 호실에서는 층고가 중요하다. 층고가 높으면 복층 시공도 가능하고, 화물차가 호실 내부로 진·출입하기 쉽다. 일반적으로 업무용 오피스 호실의 층고는 약 3.8m가량이며, 드라이브인 호실은 층고 5m 이상을 선호하는 편이다.

8 업무형 지식산업센터 호실

따로 설명할 필요 없는 가장 일반적인 형태의 지식산업센터 호실이다. 주로 IT 기업이나 지식기반 사업을 영위하고 있는 기업들이 사용하지만, 제조업이 들어와서 공장으로 사용해도 되고, 창고 용도로 사용해도 되므로 용도가 제일 범용적이다. 최근에는 섹션 오피스라고 해서 전용 10평 대로 잘게 쪼개 분양하는 경우도 많다.

CHAPTER 06 지식산업센터 투자의 장점

1 소액투자가 가능하다

지식산업센터는 대출이 80~90%까지 가능하기 때문에, 자기자본이 별로 들지 않아 소액투자가 가능하다. 분양권 매수의 경우 계약금 10%만 치러 놓으면 분양받을 수 있고, 중도금은 무이자 대출이 가능하다. 입주 시에 잔금대출은 80%, 최대 90%까지도 가능하다.

90% 잔금대출이 가능하다는 것은 분양을 받을 때 10% 계약금을 치러 놓았으니, 입주할 때까지 추가자금이 하나도 들지 않고 취득세만 내면 된다는 뜻이다. 따라서 소형평수의 경우 약 2~3천만 원으로도 투자할 수 있다.

2 높은 수익률

레버리지 효과를 극대화해서 투자할 수 있으므로, 대표적 수익형 부동산인 오피스텔이나 상가보다 수익률이 월등히 높다.

작년에 수원에 있는 한 지식산업센터를 매수하여 발생한 수익률을 살펴보자. 84% 한도로 대출을 받았다. 취득세와 중개수수료 모두 포함하여 계산했을 때 15.96%의 임대수익률이 나오며 실투자금은 약 7,500만 원이 들어갔다. 대출 이자를 제외한 순월세 임대소득이 997,083원이니, 실투자금 375,000,000원 들여서 이런 것을 다섯 개를 샀다고 가정하면 순월세 임대소득이 5,000,000원이다.

이 케이스는 평균보다 수익률이 높은 편이며, 실투자금 1억 원당 대출 이자를 제외한 순월세 임대소득은 한 달에 100만 원 정도 발생한다. 즉, 실투자금 5억이면 한 달에 순월세 임대소득을 500만 원 만들 수 있는 것이다.

물론 서울의 지식산업센터들은 가격이 너무 많이 올라서 최근에는 실투자금 1억 원당 월 100만 원의 소득 발생이 쉽지 않지만 경기도권 지식산업센터에서는 여전히 이 정도 수익률과 수익 발생이 가능하다.

지산투계산기 v1	⋮
임대료 추정 적정가치시세	
임대보증금	30,000,000 원
월세	2,000,000 원
적정가치시세	430,000,000 원
임대료 수익률 계산	
분양가	495,000,000 원
취득세(4.6%)	22,770,000 원
중개수수료(0.9%)	2,220,000 원
대출금(84 %)	415,000,000 원
대출금리	2.90 %
임대료 수익률 계산 결과	
임대 수익률	**15.96 %**
실투자비	74,990,000 원
연간임대료 수입	24,000,000 원
연이자	12,035,000 원
연순수익	11,965,000 원
월이자	1,002,917 원
월순수익	997,083 원

③ 관리상의 편의성

오피스텔이나 아파트, 빌라와 달리 지식산업센터는 호실 내부에 화장실도 없고 (라이브 오피스는 예외) 아무런 시설이 없다. 그러므로 딱히 망가지거나 고장 날 만한 것이 없어 임차인들의 잦은 수리 요청 및 민원이 없다. 만약에 있다 하더라고 우선 관리사무소에 연락하여 해결하면 될 일이다.

④ 월세 연체율 및 낮은 공실률

지식산업센터의 임차인은 일반인이 아닌 기업이기 때문에 월세 연체율이 오피스텔이나 상가에 비하여 적다. 최근 지식산업센터의 공급이 매우 많아져서 공실이 늘어나는 추세기는 하지만 오피스텔이나 일반 오피스 및 상가에 비하면 여전히 공실률이 낮은 편이다.

⑤ 저렴한 관리비

산업용 전기를 사용하므로 일반 오피스와 대비했을 때 관리비가 저렴하다.

⑥ 틈새시장

최근 뉴스에서 지식산업센터 전매 및 전대 제한을 발의한다고 나왔지만, 아직은 전매 제한, 대출 규제, 종합부동산세 등 규제가 없는 틈새시장이다.

PART 02

지식산업센터 실전편

CHAPTER
01 지식산업센터 투자 방법

지식산업센터에 투자하는 방법에는 분양받거나, 분양권을 전매로 매수하거나, 기존 구축 물건을 매매로 매수하는 세 가지 방법이 있다. 이제부터 각각의 투자 방법을 살펴보자.

1 지식산업센터 매매

준공되어 있는 기존 구축 지식산업센터를 매수하는 방법이다. 실입주자는 원하는 지역과 평수에 맞게 공실을 매수하면 되고 투자자는 되도록 임대차가 맞춰져 있는 매물을 매수하는 것이 좋다. 임대차가 맞춰져 있는 매물을 매수할 때는 하기 항목들을 체크해 보는 것이 좋다.

❶ 임대차계약 기간이 얼마나 남아있는가와 언제부터 임차해서 사용했는가?

임대차계약 기간이 언제까지인지는 기본적으로 확인하는 사항이지만, 언제부터 임차해서 사용했는지도 확인해보는 것이 좋다. 묵시적 갱신으로 오랫동안 사용해 오고 있는 임차인이라면 앞으로도 장기 임차로 사용할 확률이 높기 때문이다.

❷ 임차인이 개인사업자인가 아니면 법인사업자인가?

임차인이 개인사업자일 경우보다 법인일 경우가 더 오랫동안 사용할 확률이 높다. 법인은 이사할 때 개인사업자보다 번거로운 점들이 있으며, 법인 주소 이전 등기 비용도 따로 들어가기 때문이다. 규모가 있는 법인은 경리 부서에서 월세를 제날짜에 꼬박꼬박 송금해 준다. 영세 개인사업자이고 사장이 직접 월세를 송금해주는 업체는 월세 송금일을 깜박하는 경우가 종종 있다.

❸ 시설 · 설비투자를 해 놓았는가?

사무실 안에 제조 설비 등 시설 투자를 해 놓았다면 이 때문에도 이사를 잘 못한다. 사무실에 책상과 컴퓨터만 놓고 쓰고 있는 임차인보다 이사비용도 훨씬 많이 들기 때문에 웬만하면 오랫동안 사용하고 싶어 할 것이다.

❹ 밀린 월세는 없는가?

월세 및 관리비가 밀려 있는 임차인인지 반드시 확인해 봐야 한다. 월세를 받는 것이 주목적인데, 월세가 밀려 있다면 굉장히 골치 아프고, 나중에 명도소송까지 진행하게 될 수도 있다.

❺ 계속 사용 여부를 임차인에게 직접 물어보자.

예전에 임대차계약 기간만 확인하고 한 부동산과 매매 거래를 공동중개했는데, 매매 거래를 하자마자 임차인이 퇴거한다고 통보한 경우가 있었다. 알고 보니 임차인은 예전부터 나가겠다고 임대인에게 얘기했는데 임대인은 이 사실을 숨기고 매도했고, 임차인은 임대인이 바뀔 경우 남아 있는 임대차계약 기간에 상관없이 새로운 임대인에게 통보하고 나갈 수 있다는 것을 알고 있었던 것이다. 그래서 매수를 결정하기 전 사무실에 방문해 볼 때 은근슬쩍 임차인에게 계속 사용할 의사가 있는지 혹은 퇴실 계획이 있는지 물어보는 것이 좋다.

지식산업센터 매매 TIP 1

포괄양도양수 계약

지식산업센터를 매수하고 잔금을 치를 때 매수인과 매도인은 건물분에 대한 부가세와 세금계산서를 주고받게 되는데, 포괄양도양수 계약을 활용하면 이런 번거로운 절차를 거치지 않아도 된다.

- **포괄양도양수 계약이란?**

  전 사업자의 사업에 관한 모든 인적, 물적 권리와 의무 및 임대사업까지 전체적으로 매수인이 양도받는 계약을 포괄양도양수 계약이라 한다.

- **포괄양도양수 계약의 장점**

  매수인의 입장에서 보면 부동산뿐 아니라 시설, 모든 권리, 그리고 임대사업권까지 인수하는 것이므로 부가세를 별도로 내지 않아도 된다. 그래서 세금계산서를 주고 받을 필요가 없다.

  그런데, 포괄양도양수 계약은 아무때나 가능한 것이 아니라 다음과 같은 조건에 들어맞을 때 가능하다.

  > ❶ 매도인과 매수인 모두 사업자등록증상 업종이 동일할 것.
  >   예를 들어, 매도인이 임대사업자인데 매수인이 제조업인 경우 포괄양도양수 계약은 성립되지 않는다.
  > ❷ 매도인이 포괄양도양수 후 사업자등록증을 폐업할 수 있어야 한다.
  > ❸ 포괄양도양수 계약은 과세사업자 간 거래에서만 가능하다. 둘 중 한쪽이이 면세사업자라면 불가능하다.

  매도인이 폐업할 수 없는 법인이거나, 2개 호실을 한 개의 사업자등록증으로 보유 중인데 그중 한 개 호실만 매도하는 경우에는 포괄양수양도 조건에 맞지 않는다.

- **포괄양도양수 계약시 주의할 점**

  > ❶ 포괄양도양수 계약시 별도 양식의 포괄양도양수 계약서를 작성하거나 일반 매매계약서의 특약사항에 '본 계약은 포괄양도양수 계약임' 이라는 표기를 해야 한다.
  > ❷ 양도인은 잔금일 이전에 폐업하지 않고 사업자등록을 유지할 것
  > ❸ 양도인의 세금 완납 여부 확인
  >   사업의 포괄 양도시 그 사업에 관한 권리와 의무를 승계하게 되는데, 특히, 매수인은 양도일 이전에 매도인의 납세 의무가 확정된 그 사업에 관한 국세 등에 대하여 '제2차 납세 의무'를 진다. 따라서, 포괄양도양수 시 매수인은 매도인에게 '국세 및 지방세 완납증명원'을 요청하고 확인할 필요가 있다. (실제 계약시 매도인에게 국세 및 지방세 완납증명원을 떼 오라고 요구하는 경우는 본 적 없지만, 주의할 사항으로 알고 있어야 한다.)

이처럼 포괄양도양수 계약을 활용하면 매수 과정에서 건물분에 대한 부가세를 잔금을 치를 때 매도인에게 송금하고 매도인로부터 세금계산서를 받아 부가세 환급신청을 한 후 환급받는 번거로운 절차를 피할 수 있다. 이 점을 참조하고 조건이 맞으면 활용하자.

임대차 맞춰진 구축 매매의 장점

매수하자마자 바로 임대소득이 발생하고 임대차 만기일까지 공실 걱정을 할 필요가 없다는 것이 가장 큰 장점이다.

임대차 맞춰진 구축 매매의 단점

① 은행에서 임대사업자로 간주하여 대출이 적게 나온다.

② 구축 건물이다. 아파트와 다르게 지식산업센터는 재건축 및 리모델링이 사실상 불가능하다. 그래서 노후화될수록 인근에 신축 지식산업센터가 들어서면 공실 리스크가 점점 커지고 환금성도 떨어진다.

③ 매수 시 한꺼번에 목돈이 들어간다.

지식산업센터 매매 절차

❶ 매수할 물건을 선정한다.

❷ 은행 대출을 받는 데 문제 없는지 가심사를 받아본다.

❸ 은행 대출에 문제 없으면, 계약금을 치르고 계약서를 작성한다.

❹ 작성된 계약서를 바탕으로 사업자등록증을 신청한다.

❺ 계약서와 사업자등록증 등 서류를 은행에 보내고 대출 자서를 한다.

❻ 잔금일에 맞추어 은행 대출을 실행하고 등기를 마친다.

❷ 지식산업센터 분양

지식산업센터를 분양받기 위해서는 아파트 분양처럼 청약통장 같은 것은 필요 없고, 아래와 같은 절차를 거친다.

❶ 입주의향서 제출

지식산업센터는 본계약을 시작하기 전 입주의향서를 받아 대행사 및 시행사에 제출한다.

자산투 지식산업센터 사전 입주의향 신청서 예시

소재지		서울시 금천구	
대지의 표시	구분	면적	
	대지면적	6,600㎡ (2,000평)	
	연면적	66,000㎡ (20,000평)	
	규모 및 주차대수	지하 5층 ~ 지상 20층 / 500대 (법정대비 200%)	
입주개요	호수	희망층	호
	필요용도(체크)	□ 공장시설 □ 근생시설 □ 업무지원	
	사용용도		
입주업체 기재사항	회사명	사업자등록번호	
	대표자	(인) 법인등록번호	
	주소	업태 / 종목	
	전화번호	업체담당자	

※ 상기 입주의향 호실은 건축 인허가 등에 따라 변동 또는 변경될 수 있음.

상기와 같이 서울시 금천구 지산투 자산산업센터 분양시 계약의사가 있음을 확약합니다.

2021.   .   .

주식회사   귀중

- 첨부 : 사업자등록증 사본 1부.

영업담당자 [   ]

▲ 입주의향서 견본

입주의향서는 말 그대로 해당 지식산업센터에서 입주자 모집을 하면 입주할 의향이 있다는 뜻을 사전에 밝히는 것으로, 시행사에서는 미리 시장 수요조사를 할 수 있는 중요한 자료이다. 입주의향서를 제출한다고 따로 돈이 들어가는 것은 아니다. 예전에는 허수 입주의향서가 많이 제출되었는데, 요새는 입주의향서의 진정성을 판별하기 위하여 인감증명서, 주민등록등본과 같은 첨부서류와 함께 원본 제출을 요구하는 곳이 많다.

❷ 사전 예약 신청금

청약금이라는 명목으로 본계약을 시작하기 전에 분양 공급가의 5% 또는 호실당 1천만 원 이런 식으로 돈을 받는 곳이 있다. 원칙은 입주자 모집공고가 나오기 전에 청약금을 받으면 안 된다. 따라서, 이 청약금은 수분양자가 본계약 전에 변심하여 환불을 요청하면 받을 수 있는 돈이다. 가끔 이 청약금을 환불해 줄 수 없다고 버티는 분양 직원들이 있는데, 당연히 환불받을 수 있다.

❸ 본계약금 입금 후 계약서 작성

입주자 모집공고가 나간 후 본계약을 시작하게 되면 보통 신탁회사 계좌로 본계약금을 입금받는다. 아주 간혹 신탁회사 계좌가 아닌 건설회사 계좌로 계약금을 입금받는 곳도 있는데, 신탁회사 계좌로 입금을 해야 안전하다. 시행사나 시공사 계좌에 입금하게 되면 부도가 날 경우 100% 안정성을 보장받을 수 없다.

신탁회사 계좌로 건물분에 대한 부가세가 포함된 계약금 10%를 송금하면 계약서를 작성할 수 있다. 간혹 계약서를 작성한 후 계약금을 송금하는 것으로 알고 있는 경우가 있는데 계약금을 송금해야만 계약서 불출이 가능하다.

❹ 중도금 대출 자서

중도금 대출을 위해 서류 등에 사인하는 것을 대출 자서라고 하는데, 계약서 작성 이후 중도금 대출 자서를 하게 된다. 지식산업센터 분양 시 중도금은 항상 무이자 대출인데, 실상은 시행사에서 중도금에 대한 대출 이자를 대납해 주는 형태이다.

```
제목 이자납입 예정 내역
[Web발신]
성*경님 , 항상 저희 하나은행을 이용해 주셔서 감사드립니다.
고객님의 대출 이자납입이 아래와 같이 예정되어 있음을 알려드립니다.
[이자납입 예정 내역]
대출계좌번호: 354-******-**742(2)
납입예정일: 20200828
예정금리: 3.342%(여신시장금리 금융채6개월물 1.211% + 가산금리 2.131%)
예정금액: 34,969원 (변동가능)
```

가끔 고객 중에 분명히 중도금 무이자 대출이라고 했는데, 이자를 납입하라는 문자가 왔다고 하면서 사기당한 거 아니냐는 연락이 올 때가 있다.

시행사에서 중도금 대출 이자를 대납해 주기는 하지만 기본적으로 수분양자에게 대출 이자 문자를 보내는 것이니 놀라지 않아도 된다.

분양 현장에 따라서 중도금에 대한 부가세까지 대출이 되는 곳이 있고, 부가세까지는 대출이 안 되어 자납을 해야 하는 곳도 있다.

• **중도금에 대한 부가세까지 대출이 되는 경우**

납부하지도 않은 중도금에 대한 부가세를 부가세 신고 때 환급받게 된다. 부가세 환급금이 통장에 들어올 때는 공돈이 들어오는 느낌이겠지만, 입주할 때 잔금 대출을 받으면서 중도금과 중도금에 대한 부가세까지 상환해야 하는 시스템이니, 환급받은 부가세를 쓰지 말고 잔금을 치를 때까지 MMF 통장 같은 곳에 고이 모셔두기를 추천한다.

• **중도금에 대한 부가세까지는 대출이 되지 않는 경우**

중도금에 대한 부가세 대출이 되지 않는 경우에는 자납을 해야 한다. 중도금에 대한 부가세를 자납할 경우 회차별 중도금이 실행될 때마다 부가세를 납부했다가 환급받아야 하는 번거로움이 있지만 필자는 이 방식을 선호하는 편이다. 중도금에 대한 부가세까지 대출이 되는 곳은 그 이자 비용이 분양가에 녹아있다고 보기 때문이다.

❺ **입주안내문**

준공 시기가 가까워져 오면 수분양자에게 아래와 같은 입주안내문이 발송된다.

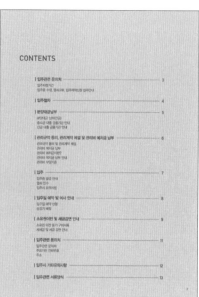
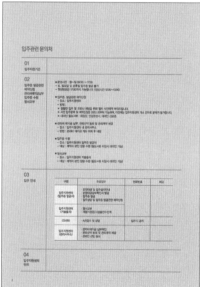

▲ 입주안내문 예시

입주안내문에서 중요하게 봐야 할 곳 중의 하나가 입주 지정기간이다. 입주 지정기간의 마지막 날까지 잔금 납부를 못 할 경우 연체료가 발생하니, 입주

지정기간 안에는 잔금을 치러야 한다.

그리고 중도금 대출에 대한 이자를 시행사에서 대납해주는 기간도 이때 종료된다. 예전에는 입주 지정기간이 끝날 때까지 중도금에 대한 대출 이자를 대납해줬는데, 지식산업센터의 인기가 높아진 요즘에는 입주 지정기간 개시일 이전까지만 이자를 대납해 주고, 개시일 이후에는 수분양자의 부담으로 돌아가는 게 대부분이다.

또한 소유권이전등기를 위하여 지정 법무사가 생기는데, 기존에 알고 있는 법무사를 써도 되지만 지정 법무사를 쓰는 것이 경험상 업무가 좀 더 매끄럽게 진행된다. 입주 시에는 은행, 관리사무소 등 지정 법무사와 유기적으로 얽혀 업무가 진행되기 때문이다.

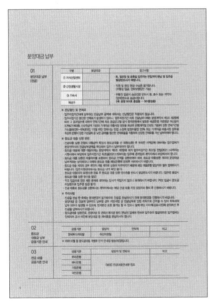
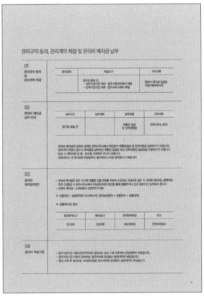

입주안내문에는 시행사와 제휴가 된 잔금 대출 은행 몇 곳이 안내되는데, 꼭 지정된 은행에서 대출을 받아야 하는 건 아니므로 수분양자 마음에 드는 아무 은행에서나 대출받아도 상관없다.

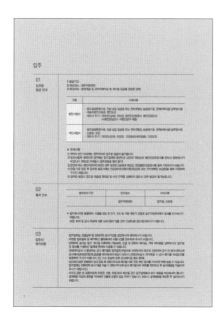

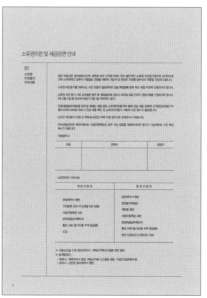

잔금과 선수관리비를 납부한 후에는 사무실 키를 수령할 수 있게 되고, 인테리어도 할 수 있다.

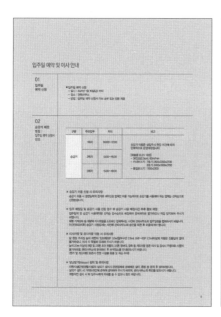

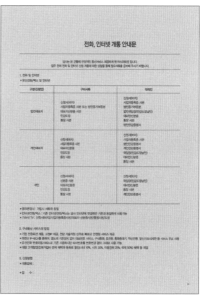

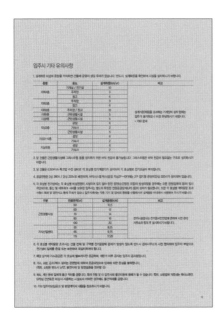
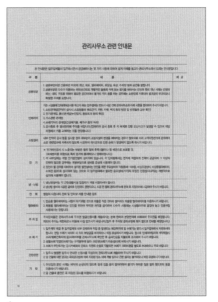

지금까지 분양 입주 과정을 살펴보았는데 분양권 투자의 장단점은 아래와 같다.

분양권 투자의 장점

① 임대차 맞춰진 매매 물건과 비교해 대출이 많이 된다. (80~90%)

② 초기 투자금이 적고 전매 투자와 임대 투자 2개의 옵션 중 선택이 가능하다. 계약금 10%만 납부하고 준공될 때까지 약 2년 동안 추가 자금이 발생하지 않아 잔금 치를 자금을 벌어놓을 시간이 있다. P가 형성되면 중간에 프리미엄 받고 팔 수도 있고, 등기 쳐서 임대사업을 할 수도 있다.

③ 신축건물이다.

분양권 투자의 단점

① 월세 수입이 발생하려면 공사 기간 약 2년을 기다려야 된다.

② 초기 공실 리스크가 있어 약 6개월 정도는 공실을 감수해야 할 수도 있다.

③ 지식산업센터 전매

계약한 분양권을 단기간에 처분하여 이익을 얻으려고 되파는 것을 전매라고 한다. 지식산업센터는 전매 제한이 없어 분양권 상태에서 등기 전까지 몇 번이든 전매할 수 있다. 전매로 파는 물건을 매수하는 것도 지식산업센터에 투자하는 좋은 방법이다. 전매 진행 절차는 다음과 같다.

❶ 분양권 매매계약서(전매계약서) 작성

매도인과 매수인이 전매계약을 체결한 후 계약금을 주고받고 관할 시청이나 구청 민원실 검인창구에 가서 분양계약서 원본과 전매계약서에 검인을 받아야 한다. (준공 이후는 실거래가 신고를 해야 한다.)

▲ 검인받은 전매계약서 견본

❷ 사업자등록

매수인이 기존에 사업자등록증을 갖고 있지 않다면 분양계약서와 전매계약서를 바탕으로 지식산업센터 입주 자격 조건에 맞는 업종의 (개인)사업자등록증을 신청하여 만든다.

❸ 중도금 대출 승계

매도인이 중도금 대출 자서를 하기 이전에 전매로 넘겼다면 중도금 대출을 승계받을 필요는 없지만, 중도금 대출 자서를 하고 난 이후라면 중도금 대출을 승계받아야 한다. 중도금 대출 승계 시 필요 구비서류는 은행마다 조금씩 차이날 수 있으므로 대출 은행 측에 확인하면 된다.

❹ 명의 변경

지금까지의 절차가 마무리되면 시행사가 지정한 전매 명의 변경일에 매도인과 매수인이 구비서류를 준비하고 분양홍보관에 방문하여(전매 명의 변경 장소는 거의 홍보관임) 최종 전매 절차인 명의 변경을 한다.

❺ 양도소득세 신고 및 납부

매도인은 세무서에 방문하거나 홈택스로 양도소득세를 신고해야 한다. 양도소득이 발생하지 않았으면 양도소득 없음으로 양도소득세를 신고해야 한다.

지금까지 지식산업센터 전매 절차에 대하여 알아봤다. 전매 투자의 장단점은 다음과 같다.

• 전매투자의 장점

① 준공되기 전에 분양권을 매수하는 것이라 실입주자는 입주하기까지, 임대투자자는 월세 임대소득이 발생하기까지 얼마 기다리지 않아도 된다.
② 어느 정도 건물이 지어지고 분양 현황을 알 수 있어서 불확실성이 좀 더 제거된 상태에서 매수하게 되는 것이므로 분양 물건보다 안정적이다.

• **전매투자의 단점**

프리미엄을 주고 사야 하는 경우 실투자금이 많이 들어간다.

지금까지 지식산업센터 투자 방법인 분양과 전매, 매매에 대하여 알아보았다. 지식산업센터 투자자 중에는 한두 개에 투자하고 마는 경우는 거의 없고 여러 개에 투자하는 경우가 대다수다. 그래야 대출 이자를 제외한 순월세 임대소득 을 몇백만 원씩 창출할 수 있기 때문이다. 그러므로 매매, 전매, 분양을 적절 히 섞어 투자하는 것이 가장 좋은 방법일 수 있다.

지식산업센터 도면 보는 법

지식산업센터는 아파트처럼 추첨이 아닌 선착순 분양이다. 그래서 아래와 같은 도면을 보고 남아있는 호실 중 본인 마음에 드는 호실을 골라서 선택을 할 수 있다.

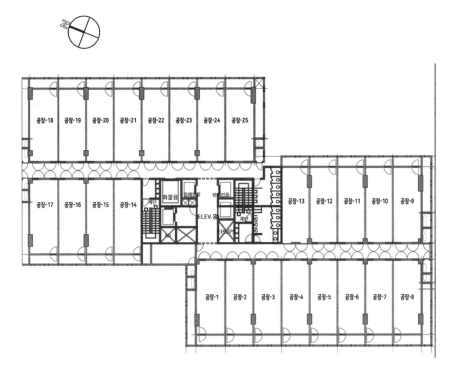

필자가 지식산업센터를 처음 분양받기 시작하였을 때 도면을 볼 줄 모르는 것은 물론 코너 호실이 뭔지도 모를 정도로 초보였다. 그래서 분양 직원이 보여주는

도면에서 한가운데 아무 호실이나 골랐는데 나중에 알고 보니 철길 뒤편 호실이어서 기차가 지나다니는 소음 때문에 임차인이 사무실 보러 왔다가 그냥 발길을 돌린 적이 몇 번 있었다.

기본적으로는 코너 호실이 좋고, 코너 호실이 아니라 하더라도 임차인들이 선호할만한 호실을 고르고, 임차인 들이 기피할 만한 호실은 피하는 것이 좋다. 그러려면 기본적인 도면은 볼 줄 알아야 하는데, 위 견본 도면에서 기본적인 것만 참조용으로 설명하겠다.

1 향

도면 왼쪽 위에 나침반 표시가 있는데 'N'이라고 표시된 쪽이 북향이다. 지식산업센터는 주거 용도가 아닌 사무실 용도라서 주택처럼 향이 중요하지는 않지만, 동, 서, 남, 북향 중 선호도가 제일 낮은 향을 굳이 고르라고 한다면 서향이다. 해가 너무 길게 들어와서 매우 덥기 때문이다.

2 코너 호실

도면의 코너 부분에 있는 1, 8, 9, 17, 18, 25호를 보면 코너 부분에 위치하면서 양면 발코니를 가지고 있고, 뷰도 180°로 볼 수 있는 양 창이 나 있어서 임차인들이 선호하기 마련이고, 임대차도 다른 일반 호실들보다 빨리 맞춰지는 편이다. 가격은 비코너호실에 비하여 조금 비싸지만, 임대료 또한 비코너 호실에 비하여 조금 더 높게 받을 수 있다.

3 계단실

도면에서 보면 14호 오른편에 참빗처럼 생긴 부분이 비상계단이다. 비상계단 옆이나 앞 호수라고 해서 딱히 좋거나 나쁘지는 않다.

④ 화물용 엘리베이터

대체로 화물용 엘리베이터에서 가까우면 좋다. 물류 운송을 하는 업체들은 화물 엘리베이터에서 가까운 호실을 선호한다.

⑤ 엘리베이터 홀 앞 호실

도면에서 24호를 보면 엘리베이터 홀 바로 앞 호실인데, 홍보 효과가 필요한 회사에서는 선호하는 위치이지만 사람들이 많이 지나다녀 시끄러워서 싫다고 하는 회사도 있어 회사에 따라 호불호가 있다.

⑥ 화장실 출입구 바로 앞 호실

도면에서 3호 앞을 보면 변기 표시가 있는 곳이 화장실이다. 화장실 2개 호실 중에서 좀 더 작은 소변기 그림이 있는 쪽이 남자 화장실이다. 화장실 바로 앞 호실은 그리 좋지는 않다. 요새 신규 준공되는 지식산업센터 화장실에서는 냄새가 안 나지만, 준공된 지 오래된 지식산업센터나 오피스 건물에 가보면 화장실에서 암모니아 냄새가 난다. 그래서 신축 지식산업센터 화장실에서 실제로 냄새가 안 나지만 냄새가 난다는 고정관념 때문에 선호되는 호실이 아니다.

⑦ EPS/PS

EPS/PS 실 앞이나 옆 호실인 건 딱히 상관이 없다. EPS는 전기 관련된 각종 종류의 전기 배선이 지나가는 수직 통로, PS는 건축물의 건축기계설비용 배관이 지나가는 공간을 말한다.

분양 현장마다 도면이 다 다르게 생겼지만, 기본적인 틀은 대동소이하다. 도면을 보고 호실을 잘 선택하자.

CHAPTER 03 사업자등록증 만드는 법

지식산업센터를 매수하거나 분양받으려면 사업자등록증이 있어야 한다. 임대사업자 등록증이 아닌 지식산업센터 입주 자격 조건에 맞는 업종 및 업태의 사업자 등록증이 있어야 한다.

기존 사업자등록증이 없다면 매매계약서 또는 분양계약서를 바탕으로 신규 사업자등록증을 만들어야 하는데, 법인은 어차피 법인등기전문 법무사에 맡겨서 법인사업자등록증을 만들게 되므로 여기서는 일반 개인사업자 등록증을 신청하여 만드는 방법에 대해 알아보자.

▨ 세무서에 방문하여 오프라인으로 신청하기

지식산업센터 주소지 관할 세무서를 방문하여 신청해도 되고, 관할이 아닌 세무서에 방문하여 신청해도 된다. 단, 관할 세무서가 아닌 곳에 신청하면 사업자등록증이 즉시 발급되지 않고 시간이 걸리는 단점(3영업일 이내)이 있다.

세무서 민원실에 방문하면 아래와 같은 사업자등록증 신청서가 비치되어 있다. 빈칸에 맞게 신청서를 작성하여 창구에 제출하면 된다.

▲ 사업자등록증 신청서 앞면 / 뒷면

• 상호

상호는 반드시 넣어야 하는 것은 아니지만, 사업자등록증 개수가 늘어나다 보면 헷갈릴 수 있으니 될 수 있으면 넣는 것이 좋다.

• 업종

지식산업센터 입주 자격 조건에 맞는 업종 및 업태(입주가능업종표 참조)로 만들어야 하며, 부동산 임대업인 경우 지식산업센터 임대업 업종코드인 701203으로 만들면 된다.

• 일반과세 / 간이과세

간이과세자가 아닌 일반과세자로 신청하여야 한다. 간이과세자로 하면 부가세 환급을 받을 수 없다. 사업자등록 신청서 뒷면의 '일반과세자'에 체크해야 한다.

사업자등록증은 대리 신청도 가능한데, 대리 신청 시 따로 위임장 없이 사업자 등록 신청서 뒤편 양식에 작성하면 된다.

관할이 아닌 세무서에 사업자등록 신청서를 접수하면 즉시 발급되지 않고 아래와 같은 접수증을 내어준다.

접 수 증	
접 수 번 호	235- 2021- 1- 10038500▒▒▒
접 수 일 시	2021.05.18. 16:05:09
민 원 명	사업자등록 신청(개인)(법인이 아닌 단체의 고유번호신청)
민 원 인 (대 표 자 또는 대 리 인)	정 (김)
처 리 예 정 기 한	2021.05.21.
처 리 주 무 부 서	(동안양) 부가가치세과 구 (전화번호 : 031- 389-▒▒▒▒) 민원봉사실 (전화번호 : 031- 389-▒▒▒▒)
안 내 사 항	● 사업자등록증 수령시, 수령인의 「신분증」 및 「접수증」을 지참 하시기 바랍니다. ※ 본인 또는 당초 접수자가 아닌 제3자가 수령하는 경우 위임장 (개인의 경우 대표자, 법인의 경우 대표자 또는 법인의 위임장)과 위임자의 의사를 확인할 수 있는 서류(대표자 신분증(사본), 법인감증명서(사본) 등) 추가 지참 ● 홈택스(신청·제출메뉴) 및 모바일민원실(본인에한함)에서 방문접수처리상태조회가 가능합니다. ● 단, 홈택스에서 사업자등록신청(정정신고)한 경우에는 신청인이 「민원처리결과조회」 화면에서 발급번호를 클릭하여 사업자등록증 출력이 가능합니다.
민원접수자 : (전화번호 : 02- 2610-▒▒▒▒)	
세 무 서	

2 홈택스에서 온라인으로 신청하기

신청서 양식 내용이 그대로 홈택스에 있다고 보면 전체적으로 이해가 쉬울 것이다. 작성해야 하는 필수항목만 살펴보자.

홈택스에서 사업자등록증 신청하는 방법

❶ PC 홈택스 (https://www.hometax.go.kr)에 접속 후 로그인을 클릭한다.

❷ 홈택스에 로그인한다.

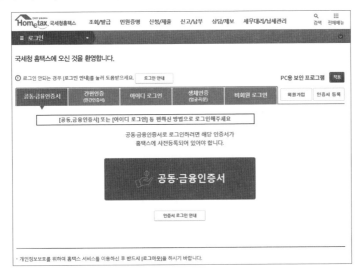

❸ 신청 메뉴 선택

- 상단 메뉴 [신청/메뉴]에 마우스 포인트를 가져간다.
- 나타나는 메뉴에서 [사업자등록신청(개인)]을 클릭한다.

사업자 등록신청(개인) 화면이 표시된다.

❹ 인적사항 입력

- 상호명을 입력한다. (필수 항목)
- 휴대전화번호 및 전자메일주소를 입력한다. 국세 정보 문자 수신 및 이메일
  수신 동의도 같이 체크한다.

수신 동의에 동의함을 클릭하면 안내 팝업창이 뜨는데, [확인]을 누르면 된다.

❺ 사업장 소재지 입력

자택으로 사업자등록증을 만들고 있으니 집 주소를 입력하면 된다.
[주소검색]을 클릭한다.

주소 입력 후 [조회하기] 버튼을 클릭한다.

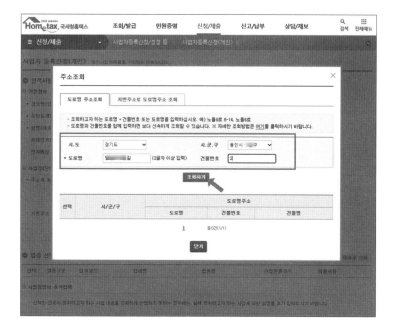

선택 후 [완료하기] 버튼을 클릭한다.

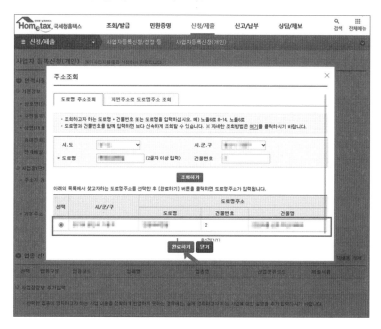

동 · 호수 등 상세주소를 입력한다.

❻ 업종 선택

[업종 입력/수정] 버튼을 클릭한다.

업종 선택 팝업창이 뜨면 업종코드 [검색] 버튼을 클릭한다.

전문, 과학 및 기술서비스업 / 제품 디자인업의 경우 업종코드 749915를 입력하고 조회하기를 한다.

업종코드 입력 후 조회하기 버튼을 클릭한다. 업종코드 목록의 해당 사항을 확인하고 더블클릭한다.

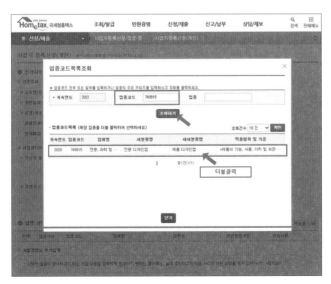

업태/종목에 대한 항목 및 업종코드는 홈택스에 올라와 있는 파일을 참고한다.

지식산업센터에 입주 가능한 업종 중 일반적으로 많이 사용하는 서비스업/경영 컨설팅업의 업종코드는 741400, 정보통신업/ 소프트웨어 개발 및 공급업 업종코드는 722000, 722004이다.

여기서 잠깐, 한국표준산업분류와 국세청 업종분류코드와의 차이점은 한국 표준산업분류(5자리)는 통계작성 목적의 표준분류이며, 국세청 업종분류코드 (6자리)는 국세행정 목적의 분류이다. 따라서 사업자등록 시 기입하는 업종분류코드는 한국표준산업분류가 아닌 국세청 업종분류코드(6자리)를 기입해야 한다.

주업종 내용을 확인한 후 [등록하기] 버튼을 클릭한다.

목록에 업종이 반영된 것을 확인한 후 [업종 등록] 버튼을 클릭한다.

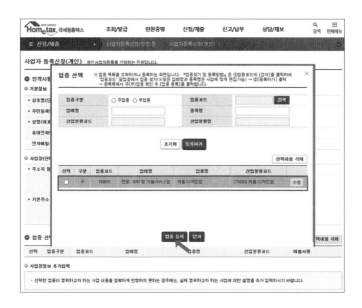

❼ 사업장 정보 입력

개업일자(사업개시일)를 입력한다.

예시) 분양일 경우 : 준공예정일 / 매매일 경우 : 잔금일

개업일자의 달력 버튼을 클릭한 후 팝업 달력에서 날짜를 선택한다.

임대차내역 입력에서 사업장 구분에 본인소유를 선택한다. (타인소유인 경우 제출서류에 임대차 계약서를 첨부해야 한다.)

자가면적은 30평대 아파트 기준으로 전용면적 84를 입력했다. (전체 면적이 아닌 일부 면적도 입력가능하다. 예를 들어 방 1개 면적으로 입력 가능)

❽ 사업자 유형 선택

일반과세자로 선택한다.

❾ 서류 송달장소 입력

지식산업센터 사업장 주소와 다른 곳에서 우편물을 받고 싶은 경우 입력하면 된다. 지금은 자택 주소로 사업장을 등록했으므로, 주민등록상 주소 또는 자택 주소를 입력하면 된다. [저장후다음] 버튼을 클릭한다.

⑩ 제출서류 선택

별도로 제출할 서류는 없다. (만약 타인소유인 경우, 제출서류에 임대차 계약를 첨부해야 한다.)

'확인하였습니다'를 선택하고, [제출서류 확인하기] 버튼을 클릭한다.

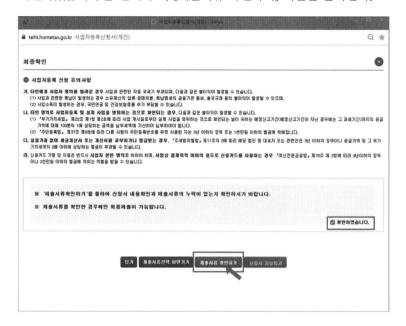

제출서류를 확인해 본다.

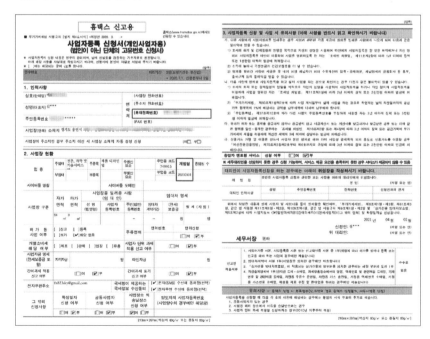

| 홈택스 신고용 | 기타인원 의견 및 사업종류 명세(업종명) |

[ ] 공동사업자 명세
[✓] 서류를 송달받을 장소

1. 기타인원의견

1. 인적사항

상호(단체명)
성명(대표자)
주민등록번호
사업장(단체) 소재지

2. 사업종류 명세(업종명)

2. 공동사업자 명세

출자금
성명   주민등록번호   지분율   관계   출자공동사업자여부

3. 서류를 송달받을 장소

송달받을 장소   주소
전화번호
사유

---

⑪ 신청서 제출하기

제출서류를 확인하면 [신청서 제출하기] 버튼이 활성화된다. 클릭하고 신청서
제출을 확인한다.

❷ 사업자등록 신청(개인사업자용) 완료

홈택스에서 사업자등록 신청 절차가 완료되었다.

지금까지 오프라인과 온라인에서 사업자등록증을 신청하여 만드는 법에 대해 알아보았다.

사업자등록증은 지식산업센터 물건지 하나당 하나씩 만들어야 한다. 안양, 수원, 구리에 있는 지식산업센터 세 곳에 각각 사업자등록증을 만들지 않고, 하나의 사업자등록증으로 투자를 했다면 부가세 환급에 문제가 생길 수 있다.

만약, 수원에 있는 지식산업센터를 신규로 사업자등록증을 만들지 않고 기존 구리에 있는 지식산업센터 주소로 되어있는 사업자등록증으로 함께 사용했다고 가정하자. 수원에 있는 지식산업센터 부가세 환급 신청을 구리세무서에 요청하게 될 것이고, 구리세무서로부터 관할이 아닌 다른 지역 부가세 환급을 못 해주겠다는 연락이 올 수 있다.

이렇게 부가세 환급에 문제가 생기지 않도록 지식산업센터 하나당 사업자등록증을 하나씩 만들어야 하는데 만약 같은 건물에 연속으로 붙어있는 두 개 이상의 호실에 투자한다면 사업자등록증 하나만 있어도 된다.

지식산업센터 부가세 환급

앞에서 살펴봤듯이, 지식산업센터를 분양받을 때 부가세가 포함된 계약금을 납부하여야 하고, 매수할 때도 마찬가지로 건물분에 대한 부가세를 따로 납부하여야 한다. 납부한 부가세는 환급 받을 수 있으므로 실제 투자되는 금액이 아니다.

분양받는 경우 중도금에 대한 부가세와 잔금에 대한 부가세까지 납부했다가 환급을 받아야 하는데, 이 지식산업센터 부가세에 대해서 제대로 이해하지 못하는 초보 투자자들이 많이 있다. 초보 투자자가 자주 하는 부가세에 관한 질문과 부가세를 환급받는 방법에 대하여 알아보자.

우선 아래 견적서 견본을 살펴보자.

■ 견적 명세

호	전용면적		분양면적		평당가격	분양가격		
	m²	평	m²	평		공급금액	부가세	총 분양가격
602	94.50	28.59	185.88	56.23	6,520,000	366,620,000	22,364,000	388,984,000
	-	-	-	-	-	-	-	-
	-	-	-	-	-	-	-	-
	-	-	-	-	-	-	-	-
	-	-	-	-	-	-	-	-
	-	-	-	-	-	-	-	-
	-	-	-	-	-	-	-	-
합계	94.50	28.59	185.88	56.23		366,620,000	22,364,000	388,984,000

■ 분양대금 납부 조건

구분		비율	공급금액	부 가 세	총 분양가격	납부시기	비 고
계약금		10%	36,662,000	2,236,400	38,898,400	계약시	
중도금	1차	10%	36,662,000	2,236,400	38,898,400	지정일	
	2차	10%	36,662,000	2,236,400	38,898,400	지정일	
	3차	10%	36,662,000	2,236,400	38,898,400	지정일	
	4차	10%	36,662,000	2,236,400	38,898,400	지정일	
	5차	10%	36,662,000	2,236,400	38,898,400	지정일	
잔금		40%	146,648,000	8,945,600	155,593,600	입주시	
합계			366,620,000	22,364,000	388,984,000		

1 계약금에 대한 부가세

계약금을 보면 부가세가 포함된 계약금 10% 금액이 38,898,400원이다.

그런데 여기서 부가세는 38,898,400원의 10%인 3,889,840원이 아닌 2,236,400원이다.

이것은 공급금액이 건물분과 토지분으로 구성된 것으로 보통 건물분과 토지분의 비율은 약 65:35 정도이다. (지역에 따라 다르다) 공공금액의 약 65%인 건물분에 대해서만 부가세가 붙는 것이다.

계약금 납부 후 시행사가 발급한 세금계산서를 받게 되면 부가세 환급 신청이 가능한데, 1월, 4월, 7월, 10월 부가가치세 예정 · 확정신고기간 뿐만 아니라 나머지 달에도 신청을 하여 환급받을 수 있다.

만약 4월 날짜로 된 세금계산서를 받았고 5월 1일부터 5월 25일 사이에 부가세 조기 환급신청을 하면 15일 이내에 환급금이 들어오게 된다.

위 견적서에서 평당가격은 공급금액 나누기 분양면적이다. 부가세가 포함된 총 분양가에서 나누는 게 아니다. 잔금 대출이 80% 나온다고 할 때도 부가세가 포함된 금액이 아닌 부가세 미포함 금액의 80%가 나오는 것이고, 모든 것을 계산할 때 부가세는 실제 투자되는 금액이 아니므로 제외하고 계산해야 한다.

2 중도금에 대한 부가세

각 중도금 회차마다 부가세가 있는데, 분양 현장에 따라 부가세까지 대출해주는 곳이 있고 자납해야 하는 곳이 있다.

❶ 중도금에 대한 부가세까지 대출해주는 경우

납부하지도 않은 부가세를 환급받게 되어 환급받을 당시에는 공돈이 생기는 듯한 느낌이 들지만, 어차피 잔금대출 받을 때 상환해야 하니 이 돈을 환급받을 때마다 사용하지 말고 MMF 통장 같은 곳에 따로 보관하고 있기를 권유드린다. (하지만 대부분 부가세 환급금이 들어올 때마다 다 써버리는 편이다.)

그리고 이 부가세까지 대출 나오는 곳은 이 부가세에 대한 이자 비용까지 시행사에서 부담하는 것이기 때문에 분양가에 다 녹아있는 비용이라고 생각하면 된다.

❷ 중도금에 대한 부가세까지는 대출 안 나오는 경우

각 회차별 중도금때마다 중도금에 대한 부가세를 납부했다가 다시 환급신청하여 환급받아야 하므로 (1)의 경우보다 약간 더 번거롭다. 하지만 잔금 때 중도금에 대한 부가세를 상환하지 않아도 되며, 중도금 부가세에 대한 이자 비용을 시행사에서 부담하지 않아 분양가가 (1)의 경우보다 약간이라도 더 저렴할 수 있다.

③ 잔금에 대한 부가세

잔금에도 부가세가 포함되어 있는데, 환급받는 금액이기는 하지만 부가세 비중이 높은 편이라 부담이 될 수 있다.

④ 부가세 환급받는 법

세무서를 직접 방문하여 오프라인으로 신청하는 방법과 홈택스에서 온라인으로 신청하는 방법이 있는데, 코로나 19 이후 세무서에서는 65세 이상이 아니면 부가세 환급 대리신청을 지원하지 않는 쪽으로 바뀌었다. 그래서 아래와 같이 홈택스를 통한 부가세 조기환급 신고 방법에 대해 알아보겠다.

> **홈택스에서 부가세 조기환급 신고하는 방법**
>
> 아래 순서대로 따라하면 정말 어렵지 않게 부가세 조기환급 신고를 할 수 있다.

❶ 홈택스 홈페이지에 접속하여 로그인한다. (포털 검색창에서 '홈택스' 검색)

❷ 왼쪽 상단의 [사업장선택] 버튼을 클릭하고 아래와 같이 해당 조기환급 신고할 사업장을 선택한다.

❸ [신고/납부] → [세금신고] 메뉴의 부가가치세 버튼을 클릭한다.

❹ 이제 신고 화면으로 들어가는 절차이다. 주의사항으로 매년 1월, 4월, 7
월, 10월은 부가가치세 예정 및 확정신고기간이므로 [조기환급신고] 버
튼으로 신고할 수 없고, [정기신고] 버튼을 클릭하여 신고해야 한다.

- 1월, 4월, 7월, 10월 : [정기신고] 버튼 클릭

- 2월, 3월, 5월, 6월, 8월, 9월, 11월, 12월 : [조기환급신고] 버튼 클릭

❺ [신고] 버튼을 클릭하면 아래와 같은 화면이 나오는데 여기서 [확인] 버튼을 클릭한다.

❻ 아래와 같이 사업자 세부사항이 자동으로 불려오면 [저장 후 다음이동] 버튼을 클릭한다.

❼ 입력서식 선택화면에서 매출액이 없는 경우 아래의 빨간 박스 부분만 체크하고 넘어가면, 쓸데없는 신고 절차가 단축된다. 체크하고 [저장 후 다음이동]을 클릭한다.[이 화면은 정기신고 기간에 조기환급 신고한 경우라 '매입처별 계산서 합계표'가 활성화되어 있는 것이고, 정기신고기간 (1, 4, 7, 10월)을 제외한 달에 조기환급 신고하게 되면 비활성화되어 있는 상태이므로 체크하지 않는다.]

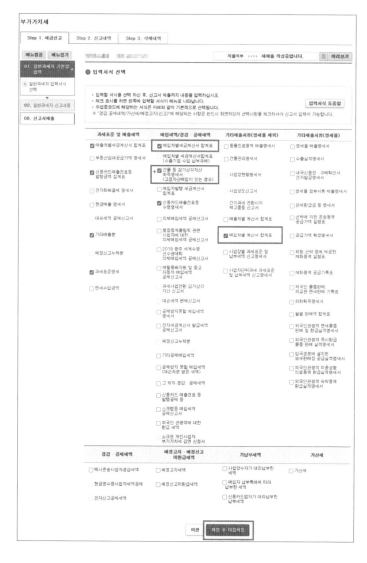

❽ 매입세액 부분의 세금계산서수취분 일반매입에서 [작성하기] 버튼을 클릭한다.

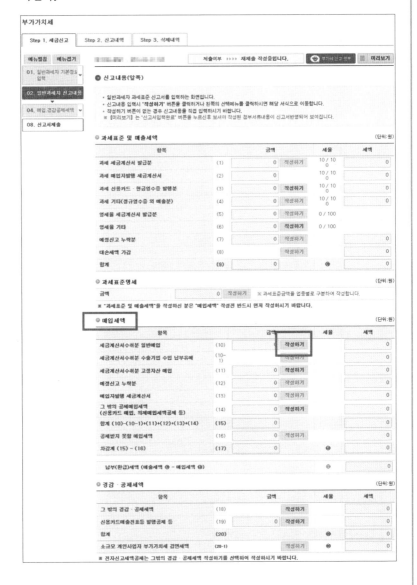

❾ [전자세금계산서 불러오기] 버튼을 클릭한다. (15일 이전에 신고하는 경우 불러오기가 안되는 경우가 있다. 그 때는 홈택스에서 조회해서 수기로 입력해야 한다.)

⑩ 전자세금계산서를 불러온 후 숫자를 확인하고 [입력완료] 버튼을 클릭한다. 아래 빨간박스의 매수, 공급가액의 숫자는 따로 적어두거나 화면 캡처를 해둔다. (건물분에 대한 매입자료만 있을 경우) 이제부터 아래의 과정을 진행하는 데 필요한 숫자들이다.

❶ [입력완료] 버튼을 클릭하면 아래와 같이 세금계산서수취분 일반매입 부분(분홍색 박스 표시)에 숫자가 자동으로 입력된다. 숫자가 입력된 것을 확인한 후 아래 고정자산 매입의 [작성하기] 버튼을 클릭한다.

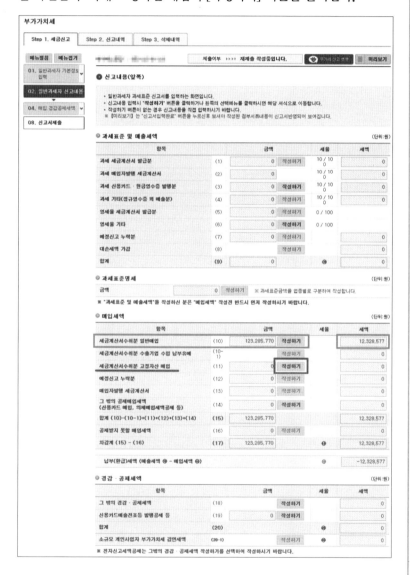

⑫ 아래와 같이 **빨간색** 박스의 빈칸에 숫자를 수기로 입력한다. 여기서 아까 메모 또는 화면캡처한 숫자들을 사용한다. 빈칸에 입력하는 숫자는 건물분에 대한 계약금, 중도금, 잔금 등 매입세금계산서 수취분 건수와 공급금액이다. 만약 다른 매입자료도 섞여 있다면 그 금액은 제외하고 입력해야 한다. 그리고 아래 빨간 박스로 표시한 빈칸에 숫자를 입력하고 [입력완료] 버튼을 클릭한다.

⓭ [입력완료] 버튼을 클릭하면 아래와 같이 숫자가 '일반매입'에서 '고정자산 매입' 쪽으로 이동한다. (다른 매입자료는 없고 모두 건물분에 대한 계약금, 중도금, 잔금 등 매입자료만 있는 경우)

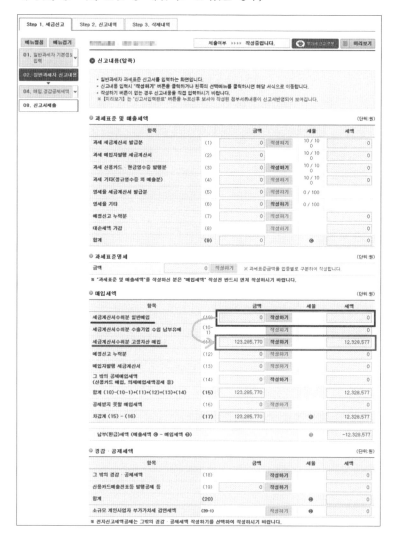

⓮ 이제 토지분에 대한 계산서 수취분을 입력할 차례이다. 토지분 계산서 수취분은 아래 빨간색 박스 부분을 클릭하여 입력한다. (다시 한번 말하지만 정기신고 기간이 아니면 토지분 계산서는 입력하지 않는다.)

파란색 박스 부분은 부가세 확정신고 시 전자신고 세액공제 1만 원을 받을 수 있다. 부가세 확정신고 기간은 1월, 7월 두 달이므로 1월, 7월 에만 세액공제 1만 원을 받을 수 있다.

● 매입세액

(단위:원)

항목		금액		세율	세액
세금계산서수취분 일반매입	(10)	0	작성하기		0
세금계산서수취분 수출기업 수입 납부유예	(10-1)		작성하기		0
세금계산서수취분 고정자산 매입	(11)	123,285,770	작성하기		12,328,577
예정신고 누락분	(12)	0	작성하기		0
매입자발행 세금계산서	(13)	0	작성하기		0
그 밖의 공제매입세액 (신용카드 매입, 의제매입세액공제 등)	(14)	0	작성하기		0
합계 (10)~(10-1)+(11)+(12)+(13)+(14)	(15)	123,285,770			12,328,577
공제받지 못할 매입세액	(16)	0	작성하기		0
차감계 (15) - (16)	(17)	123,285,770		①	12,328,577

납부(환급)세액 (매출세액 ㉮ - 매입세액 ①)			㉰	-12,328,577

● 경감 · 공제세액

(단위:원)

항목		금액		세율	세액
그 밖의 경감 · 공제세액	(18)		작성하기		0
신용카드매출전표등 발행공제 등	(19)	0	작성하기		0
합계	(20)			㉱	0
소규모 개인사업자 부가가치세 감면세액	(20-1)		작성하기		0

※ 전자신고세액공제는 그밖의 경감 · 공제세액 작성하기를 선택하여 작성하시기 바랍니다.

● 최종 납부(환급) 세액

(단위:원)

항목		금액		세율	세액
예정신고 미환급 세액	(21)			㉲	0
예정고지세액	(22)			㉳	0
사업양수자가 대리납부한 세액	(23)		도움말	㉴	0
매입자 납부특례에 따라 납부한 세액	(24)		도움말	㉵	0
신용카드업자가 대리납부한 납부세액	(25)		조회하기	㉶	0
가산세액계	(26)		뒤쪽으로	㉷	0
차감.가감하여 납부할 세액 (환급받을 세액) (㉰-㉱-㉲-㉳-㉴-㉵-㉶+㉷)			(27)		-12,328,577
총괄납부사업자가 납부할 세액 (환급받을 세액)					0

※ 신고대상기간 중에 예정고지를 받은 사실이 있는 경우 예정고지세액이 보여지고 예정신고시 일반환급이 발생하여 예정신고미환급세액이 있는 경우 그 금액을 보여줍니다.
※ 예정고지세액과 예정신고 미환급세액은 동시에 입력할 수 없습니다.

● 국세환급금 계좌신고(환급세액이 5천만원 미만인 경우)

(단위:원)

거래은행	수협은행 ∨	계좌번호	●●●●●●●●●●●●●●	('-' 는 제외하고 입력하십시오)

● 면세사업 수입금액

(단위:원)

금액		0	작성하기	※ 면세매출액을 업종별로 구분하여 작성합니다.

● 계산서 발급 및 수취 명세 월별 조기환급 신고시 발생한 계산서는 정기신고에 반영하시기 바랍니다.

(단위:원)

항목		금액
계산서 발급금액	(82)	0 작성하기
계산서 수취금액	(83)	0 작성하기

이전   신고서 입력완료

⑮ 계산서 수취금액의 [작성하기] 버튼을 클릭하면 아래와 같은 화면이 나온다. 여기서 [전자계산서 불러오기] 버튼을 클릭하면 아래 분홍색 박스처럼 계산서 수취분(토지분) 금액을 자동으로 불러와 빈칸에 입력한다. 숫자가 입력된 것을 확인하고 [입력완료] 버튼을 클릭한다.

* 정기신고 기간이 아닌 경우 이부분은 입력하지 않습니다.

⑯ 계산서 수취금액까지 모두 완료한 후 국세환급금 계좌신고 빈칸(빨간색 박스)에 본인 명의로 된 계좌번호를 입력하면 조기환급 신고서 작성이 완료된다. 분홍색 박스의 숫자를 확인하고 국세환급금 계좌번호 입력까지 모두 마친 후 [신고서 입력완료] 버튼을 클릭한다. (국세환급금 5천

만 원 이상 되면 따로 사업용계좌신고를 해야 진행된다. 당초 2천만 원에서 5천만 원 이상으로 상향되었다.)

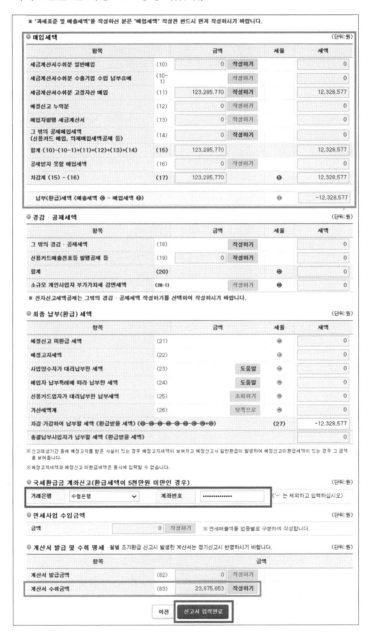

⓱ 마지막으로 부가세 조기환급금액을 확인하고 [신고서 제출하기] 버튼을 클릭하면 모든 신고 과정이 끝난다.

부가세 조기환급금의 환급일자는 신고마감일로부터 15일 이내이다. (일반환급의 경우 30일 이내 환급)

만약 신고서를 확인하고 싶다면 아래 [신고내역] 탭을 클릭하고 '신고일자' 설정을 한 후, [조회하기]를 클릭하고 [신고서보기의 사업자번호]를 클릭하면 내가 신고한 신고서를 볼 수 있다.

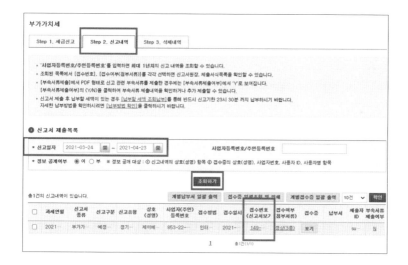

아래와 같이 신고서가 표시된다. 다른 부속서류들도 왼쪽 메뉴에서 클릭하여 각
각 볼 수 있다.

※ 신고방법 원본은 네이버 '지산투 카페'에서 확인할 수 있습니다.

CHAPTER 05 전자세금계산서 발급하는 법

지식산업센터는 일반인들이 사용하는 것이 아닌 기업이 사용하는 공간이다 보니, 분양, 전매, 매매, 임대차 등 모든 거래에서 전자세금계산서를 주고받아야 한다.

매매 거래에서는 포괄양도양수 계약을 하면 세금계산서를 주고받을 필요가 없겠지만, 임대차 계약에서는 임차인에게 세금계산서를 발급해 주어야 한다.

세금계산서를 발급하려면 우선 범용 공인인증서나 전자세금계산서용 공인인증서가 있어야 한다. 필자는 전자세금계산서용 보안카드를 발급받아 사용하는 것을 선호한다.

공인인증서는 유료인 데다 때마다 갱신해야 하는 불편함이 있지만, 전자세금계산서용 보안카드는 갱신 없이 평생 무료로 사용할 수 있기 때문이다. 아래와 같이 전자세금계산서용 보안카드를 발급받아 세금계산서를 발급하는 방법을 알아보자.

1 전자세금계산서용 보안카드 발급받기

세무서에 방문하면 '전자세금계산서 보안카드 사용자 신청서'라는 양식이 비치되어 있다. 작성한 후 신분증과 사업자등록증 사본을 같이 제출하면 아래와 같이 생긴 보안카드를 받을 수 있다. 필요서류는 신분증과 해당 사업장의 인적 사항인데 그냥 사업자등록증 사본을 하나 들고 가면 간단하다.

참고로 (세금)계산서 발급은 보안카드를 발급받은 다음 날부터 사용 가능하니 당일 서두르지 말고 미리 발급해 두자. '전자세금계산서 보안카드 신청서'는 세무서 민원실에 비치된 아래의 양식을 사용한다.

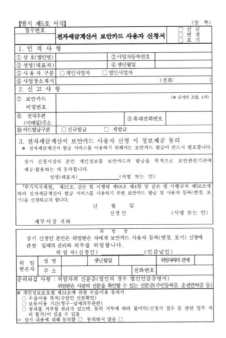

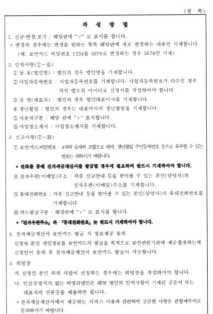

작성방법은 어렵지 않으며 빈칸을 다 채우지 못한 채 신청서를 제출해도 세무서 담당자가 알아서 물어봐 주며 친절하게 작성을 도와주니 쉽게 작성할 수 있다.

담당 민원실에 신청서를 작성하여 제출하면 아래와 같은 보안카드를 발급해 준다.

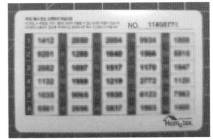

보안카드는 다 똑같이 생겼기 때문에 만약 사업장이 여러 개라면 어떤 보안카드가 어떤 사업장 것인지 몰라서 헤매게 된다. 그래서 보안카드를 받으면 반드시 어느 사업장 것인지 표시를 해두어야 헷갈리지 않는다.

② 홈택스에서 세금계산서 발행하기

다음은 홈택스에서 보안카드를 이용하여 (세금)계산서를 발급하는 방법이다.

❶ 우선 개인 명의의 공인인증서로 홈택스에 로그인(회원가입 + 공인인증서 등록)한다.

❷ 로그인 후 [사업장선택]을 클릭하여 해당 사업장을 선택하고 [사업자로 변경하기] 버튼을 눌러 사업장으로 변경한다.

❸ [조회/발급]의 [전자세금계산서] 메뉴에서 [발급] 버튼클 클릭한 후 [건별발급] 버튼을 클릭한다.

❹ 아래와 같은 경고가 뜨는데 보안카드가 있으므로 [확인]을 클릭하고 다음으로 넘어간다.

❺ 전자세금계산서 발급하는 화면이 표시되면 빨간색 박스 안의 내용을 차례대로 입력한다. 다만 초록색 동그라미로 표시한 곳은 절대 틀리면 안되는 곳이다. 만약 틀렸다면 수정세금계산서를 발급해야 한다. (전자(세금)계산서는 이미 발급을 완료하면 취소할 수 없다.)

그리고 파란색 박스의 탭을 클릭하여 세금계산서(과세:건물분)와 계산서(면세:토지분)를 발급할 수 있다. 빨간색 박스 안의 내용을 모두 입력하고 아래의 [발급] 버튼을 클릭한다.

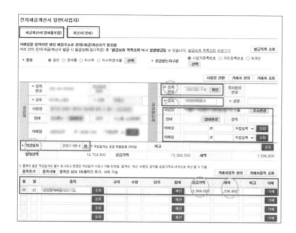

❻ [발급] 버튼을 클릭하면 아래와 같이 '발급한 전자세금계산서는 삭제가 불가능하다'는 경고문구가 나온다. [확인] 버튼을 클릭하고 다음으로 넘어가게 되면 다시 아래와 같은 경고 문구가 표시된다. 보안카드로 발급하려고 하니 [확인] 버튼을 누른다.

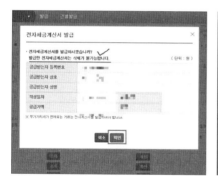

여기서 [확인] 버튼을 클릭하면 아래와 같이 보안카드의 해당 숫자 두 자리를 입력하라는 새 창이 표시된다. 보안카드에 적힌 해당 번호를 입력하고 [확인하기] 버튼을 클릭하면 보안카드로 (세금)계산서 발급하기가 마무리된다.

❸ 모바일 손택스로 전자세금계산서 발급하기

컴퓨터 뿐만 아니라 모바일에서도 전자세금계산서를 발급할 수 있다. 손택스 앱을 이용하는 방법인데, 보안카드를 사용하지 않아도 된다는 장점이 있다.

앱스토어에서 손택스를 검색하여 설치한다.

❶ 손택스 앱을 열고 지문인증으로 로그인한다.

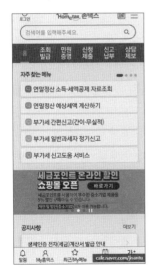

② 로그인 후에는 컴퓨터에서 세금계산서를 발급한 방법과 동일하게 진행된다.

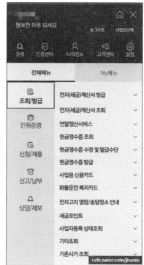
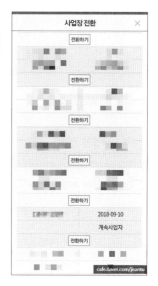

조회/발급 → 사업장전환 → 거래처조회 → 금액설정 → 발급

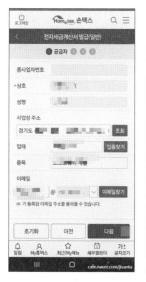

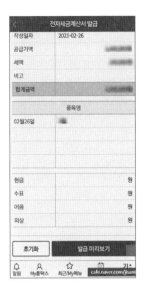  

발급을 누르면 아래와 같이 인증수단에서 지문인증을 선택할 수 있어서 사업장
별로 보안카드를 꺼내두고 찾을 필요 없이 지문으로 간편하게 이용할 수 있다.

인터넷뱅킹과 모바일뱅킹을 병행하며 사용하다가 지금은 모바일뱅킹이 손에 더
익숙한 이용자가 많듯이 향후 세금계산서 발급도 손택스에서 더 편하게 진행할
수 있을 것이다.

CHAPTER 06 지식산업센터 임대차 맞추는 노하우

지식산업센터 투자를 하는 데 있어 가장 큰 이슈는 임대차일 것이다. 등기하고 입주하였는데 임차인이 구해지지 않으면 그 기간 동안 은행 대출 이자와 관리비가 나가므로, 공실 기간이 길어질수록 손해가 커진다.

지식산업센터 공급이 많지 않던 몇 년 전에는 임대차를 맞추는 것이 그리 어렵지 않았는데, 지식산업센터 공급과 투자자들이 급증한 요즘에는 공실 리스크가 예전보다 커졌으며 이에 따라 능동적인 임대차 전략이 필요하다.

1 많은 부동산에 임대물건 내놓기

물건지의 부동산 한 군데에만 임대물건을 전속으로 부탁해 놓는 것보다, 최대한 많은 부동산에 물건을 내놓는 것이 유리하다.

2 부동산 중개 수수료

지식산업센터의 임대차 중개수수료는 0.9%가 상한선이다. 0.9%가 상한선이니 이 안에서 부동산과 중개의뢰인이 서로 협의하여 결정하면 된다.

지식산업센터가 준공되어 입주 기간이 되면 임대투자자들의 임대물건이 입주장에 쏟아져 나오게 된다. 만약 이런 상황에서 임대차 중개수수료를 깎으려 한다면 부동산 입장에서는 정상 요율인 다른 임대물건들의 임대차를 먼저 신경쓸 수밖에 없다.

그런데 임대차 중개수수료 0.9% 이외에 별도 컨설팅비를 더 주겠다고 한다면? 그 의뢰인의 임대물건은 최우선 순위가 될 것이다.

③ 연속된 호실 공동투자

아래 도면에서 301호는 A분양직원에게 분양받은 투자자, 302호는 실입주자, 303호는 B분양직원에게 분양받은 투자자가 가지고 있는 호실이라 가정하자. 그럼 전용:60평 정도를 찾는 임차인은 이 301~303호실을 선택하지 않을 것이다. 그런데 만약 304~306호가 지인들끼리 같이 투자해 놓은 호실이라면 어떨까? 전용:20평을 찾는 임차인이나 전용:40평을 찾는 임차인이나 전용:60평을 찾는 임차인이나 모두에게 임대차를 맞출 수 있는 장점이 있다. 그래서 홀로 낱개 한 칸을 투자하는 것보다 아는 사람들끼리 같이 연속된 여러 칸을 투자하는 것이 임대차를 맞추는 데 더 유리할 수 있다.

예전에 전용:700평 임대차를 찾는 고객이 있었는데, 이런 대형평수 임대차 가능한 호실은 찾기가 쉽지 않아 각 호실별 수분양자들 연락처를 어렵게 입수하여 전화를 다 돌렸다. 전매로 팔고 나오고 싶다는 사람, 임대하려는 사람, 연락이 안되는 사람, 모두 제각각이어서 결국 전용:700평 임대차를 맞추는 데 실패한 적이 있다. 그런데 만약 이 호실들이 같은 투자자 그룹 군으로 묶여 있었다면 임대차를 맞추기가 훨씬 수월했을 것이다.

304호 ~306호
동일한 분양직원 C에게 분양 받은 지인들 그룹

302호 - 실입주자 호실

301호	302호	303호	304호	305호	306호
전용20평	전용20평	전용20평	전용20평	전용20평	전용20평

301호 -분양직원 A에게
분양 받은 투자자 호실

303호 -분양직원 B에게
분양 받은 투자자 호실

❹ 인테리어

지식산업센터는 아파트와 달리, 화장실도 룸도 없고 아무런 시설이 없는 빈 호실이다. 그런데 볼품없는 최초 시공 상태 그대로인 호실과 인테리어가 별도로 되어 있는 호실이 있다면, 임차인은 당연히 인테리어가 되어있는 호실을 선택하게 될 것이다.

예전 지식산업센터 공급이 적었던 시절에는 임차인을 구할 때 굳이 인테리어를 해주지 않아도 되었지만, 지식산업센터 공급과 투자자들이 점점 증가함에 따라 투자자들끼리도 서로 임대차 경쟁을 하게 되어 이제 서울에서는 임차인을 구하려면 인테리어가 필수인 시대가 왔다.

안양이나 광명 같은 서울과 가까운 지역은 인테리어가 필수가 아닌 옵션이라서 임대인에 따라 다르다. 그런데 나중에 공실을 보면 인테리어가 안 되어 있는 호실들이 많다.

아직까지 평택이나 김포와 같이 서울에서 거리가 먼 외곽지역에서 인테리어는 임차인들이 알아서 하고, 임대인들이 해주지 않는다.

인테리어를 하게 되면 임차인도 좀 더 빨리 구할 수 있고, 임차료도 인테리어가 안 되어 있는 호실보다 조금 더 받을 수 있다. 추후 매매 시에도 매매가를 더 받을 수 있으니 생돈 날아간다고 생각하지 말고, 사무실 부가가치를 키우는 좋은 방법이라고 생각하자.

그럼 지식산업센터 인테리어를 하는 데 비용이 얼마나 들어가며 인테리어 항목에는 어떤 것들이 있는지 알아보자.

> **인테리어 항목**
> 시스템 냉난방기, 유리룸, 싱크대, 강화도어 및 도어락, 외부 파사드, 발코니 확장

❶ 시스템 냉난방기

최근 분양하는 지식산업센터들은 천장형 시스템 냉난방기가 분양가에 녹아있기는 하지만 무상 시공되어 나온다. 그래서 별도로 시공할 필요가 없다. 매매로 매수하는 경우, 대부분 기본적으로 시스템 냉난방기 정도는 따로 설치되어 있을 것이다.

❷ 유리룸

지하 공장이나 드라이브인 호실이 아닌 업무용 오피스 호실은 회의실이나 사장실이 별도로 필요할 것이다. 전용:10평대의 소형 평수 호실은 룸 1개면 되고, 전용:20평대는 룸 2개, 전용:30평대는 룸 3개를 설치한다고 보면 된다.

❸ 싱크대

사무실에 탕비실이 필요한데 싱크대를 설치해 놓으면 편리하다.

❹ 외부 파사드

파사드란 건축물의 주된 출입구가 있는 정면부를 뜻하는 말로, 최초 시공되어
나온 방화문 상태보다 훨씬 고급스러운 느낌도 나고 회사 이름도 파사드에 새
겨 넣을 수 있다.

▲ 파사드 설치 전 방화문 상태

◀ 외부 파사드 시공 후

❺ 강화도어 및 도어락

방화문은 키를 가지고 다니면서 여닫아야 하는 불편함도 있고, 항상 문을 닫아놔야 해서 답답하기도 하다. 아래 사진과 같이 강화도어 및 도어락을 설치하면 키를 가지고 다닐 필요도 없고 방화문을 개방해 놓고 있어도 되어 덜 답답하며 고급스러워 보인다.

❻ 발코니 확장

발코니란 건축물의 내부와 외부를 연결하는 완충 공간으로, 전망이나 휴식 등의 목적으로 건축물 외벽에 접하여 부가적으로 설치되는 공간을 말한다. 지식산업센터는 실제 사용하는 전용면적 외에 별도의 발코니 서비스 면적이 제공된다. 특히 코너호실에는 양면 발코니가 제공되는데 이것이 코너호실이 인기가 높은 주요 이유이기도 하다.

발코니 공간을 확장하면 전용면적을 넓혀서 업무공간을 넓게 활용할 수 있다는 게 최대 장점이다. 그래서 임대차를 맞출 때도 유리하다. 하지만 냉난방 효율이 떨어지고, 외부 소음 및 미세먼지에 취약하다는 단점도 있다. 그래서 호불호가 있을 수 있는데, 필자는 발코니 확장을 하지 않는 것을 선호한다.

발코니가 있으면 발코니 공간을 창고 용도로도 사용할 수 있고, 풀 인테리어 공사 시 발코니 확장항목이 빠져 인테리어 비용도 절감할 수 있어서이다. 하지만 임차인 입장에서는 아무래도 전용면적이 늘어나 사무실이 넓어 보이니 발코니가 확장된 상태를 더 선호할 것이다.

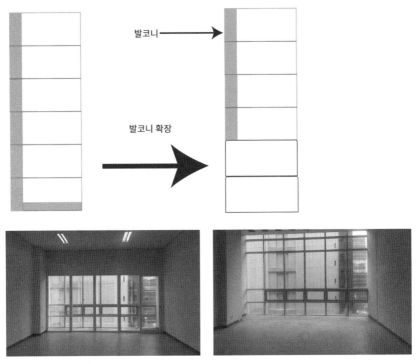

▲ 발코니 확장 전 / 후

지식산업센터 발코니 확장 불법 여부

지식산업센터 발코니 확장에 대해서는 정확한 단속기준이 없고 단속된 사례도 없었다.

발코니 확장을 하는 경우 스프링클러같이 소방 쪽만 신경써서 확장하면 크게 문제될 일은 없었는데 2021년부터 서울시가 주택 외 건축물에 대한 발코니 확장을 집중적으로 단속할 계획이라는 뉴스가 나왔다.

발코니 외부에 창호가 설치돼 있고 내부를 확장해 면적이 증가하는 행위를 했을 때 건축법 위반으로 보고 '이행강제금'을 부과할 것이라는 입장을 밝혔으니 앞으로 지식산업센터 발코니를 확장할 때는 신중한 판단이 필요하다.

이렇게 상기 항목을 풀세트로 인테리어 공사를 할 경우(시스템 냉난방기 비용은 제외) 비용은 대략 아래와 같은데, 향후 인건비 상승이나 인테리어 업체, 사용하는 자재에 따라 차이가 있을 수 있으니 간략히 참고만 하기 바란다.

- 전용 10평대(룸 1개) 풀 인테리어 시 → 약 700만 원
- 전용 20평대(룸 2개) 풀 인테리어 시 → 약 1,200~1,300만 원
- 전용 30평대(룸 3개) 풀 인테리어 시 → 약 1,700~1,800만 원

5 렌트프리 제공

렌트프리란 상가나 사무실 등을 일정 기간 무상으로 임대하는 것을 뜻한다. 임차인들이 월세를 깎아달라고 할 때 월세를 깎아주는 것보다 차라리 렌트프리를 제공하는 것이 더 낫다. 임차료를 깎아주면 다시 원상 복구시키기가 쉽지 않을 수 있다.

그리고 준공 후 초기 공실이 발생할 때 관리비는 꾸준히 지출되는데 만약 렌트프리를 제공한다면 그 기간 동안 임차인에게 월세는 못 받지만, 관리비는 임차인이 부담하기 때문에 관리비에 대한 부담을 줄일 수 있다.

작년에 준공되어 등기친 지식산업센터가 있었는데 다른 호실들보다 앞서 빠르게 풀 인테리어를 했다. 그 후 한 임차인이 사무실을 보고 갔는데, 급할 게 없다고 결정을 미루는 모습을 보였다. 시간이 지날수록 풀 인테리어를 해 놓는 호실들이 점점 많아질 것이 뻔히 보였고, 임차인의 선택의 폭은 넓어질 터였다.

그래서 지금 당장 임대차 계약을 결정하면 렌트프리를 두 달 제공한다고 제안했더니 바로 승낙하여 임대차 계약을 할 수 있었다.

지금까지 지식산업센터 임대차 맞추는 노하우에 대하여 알아봤는데, 이 외에도 좋은 방법이 더 있을 것이지만 결국은 '시간과 돈과 노력'이라고 말할 수 있겠다.

예전에 한 고객분이, 사무실을 보러오는 임차인이 3개월 동안 하나도 없고, 임대

차가 안 나간다고 도움을 요청해서 그 일대 부동산 수십 군데를 일일이 방문하여 명함을 돌리며 부탁하고, 컨설팅비도 더 지불하여 결국 의뢰받은 지 1주일 만에 임대차를 맞춘 기억이 있다.

또 임대가 잘 안 나가서 돈 들여 인테리어를 한 후에 금방 임대차를 맞춘 적도 있었다. 당연한 얘기이겠지만 시간과 돈과 노력을 들이면 남들보다 더 빨리 임대차를 맞출 수 있다.

지식산업센터 대출

지식산업센터는 투자 목적으로 봤을 때 수익형 부동산이다. 내 돈이 아닌 남의 돈(은행 돈)으로 레버리지 효과를 극대화하여 투자하고, 소액의 투자금으로 높은 수익률의 월세 임대소득을 창출해 낸다는 것이 가장 큰 장점이다.

지식산업센터는 보통 80% 정도의 대출이 가능하다. 은행에서는 해당 지식산업센터를 담보로 70~80%까지(지역마다 다름) 대출을 해준다. 즉, 담보율을 매우 높게 쳐준다. 여기에 소득금액을 증빙할 수 있고 신용등급에도 문제가 없다면 최대 90% 까지 대출이 가능하다.

지식산업센터 분양 업무로 고객들과 상담을 하다 보면, 대출받는 것을 싫어하는 분들이 종종 계신다. 대출받으면 왠지 빚지는 거 같아 싫다고 하신다.

필자 역시 예전에는 대출받는 것을 매우 싫어했다. 여태껏 아파트를 담보로 한 대출이 한 번도 없었으며, 2014년에 2억을 주고 처음으로 매수하여 실사용한 지식산업센터도 1억을 대출받았다가 그 50% 대출금마저도 1년 뒤 상환했을 정도로 대출받는 것을 싫어했다.

하지만 그게 잘못된 생각이었음을 뒤늦게 깨닫고 매우 후회하고 있다. 그 당시에는 수익률이 어마어마하게 높게 나오던 시절이었기 때문에 2억에 매수한 지식산업센터의 임대 시세가 150만 원이었다.

은행 대출을 최대한 활용하여 공격적으로 투자했다면 약 3~4억의 투자금만으로도 대출 이자를 제외한 순월세 임대소득을 월 천만 원은 세팅시킬 수 있던 시절이었다. 어쩌면 벌써 노후 준비를 다 끝내놓고 요새 유행하는 파이어족(경제적 자립을 통해 빠른 시기에 은퇴하려는 사람들을 뜻하는 말)이 일찌감치 될 수 있었을 것이다.

아파트나 꼬마빌딩, 오피스텔 보다 지식산업센터는 대출이 많이 나오기 때문에 그 장점을 최대한 활용하여 투자할 수 있어야 한다.

아래와 같이 대출을 60%만 받았을 경우와 최대한으로 90% 대출받아서 투자했을 경우를 비교하여 예시를 들어보겠다. 매매가가 4억 9천 5백만 원이고, 임대보증금과 월세를 2천만 원/2백만 원으로 가정하고 계산해 보자.

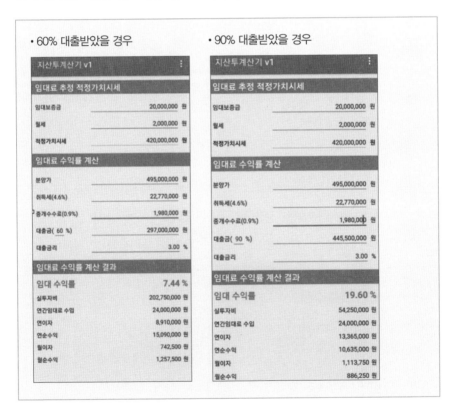

이처럼 60%를 대출받아 투자했을 때와 90%를 대출받아 투자했을 때의 수익률

차이가 매우 많이 나는 것을 볼 수 있다. 동일한 실투자금 약 2억 원이 있다고 봤을 때 60%를 대출받아 투자하면 월 순수익이 약 125만 원 발생하고, 90%를 대출받아 투자하면 60%를 대출받아 투자했을 때보다 약 3배 가까운 순월세 임대소득을 발생시킬 수 있다.

이렇듯이 지식산업센터를 투자하는 데 있어 수익률을 극대화하기 위하여 대출은 필수이며, 매우 중요한 요소이다.

필자는 지식산업센터 투자를 할 때 항상 3년 고정금리로 대출을 실행하는데, 고객들과 상담을 하게 되면 자주 듣는 질문이 있다.

'원금은 안 갚고 이자만 내도 되느냐?' 원금 상환을 안 하고 이자만 낼 수 있다.

'3년 고정금리라면 그 3년 뒤에는 어떻게 하느냐?' 그 시점 금리로 갱신하거나, 다른 은행으로 갈아타서 다시 3년 고정금리로 원금 상환을 하지 않고 이자만 내면 된다.

그리고 지식산업센터는 투자 목적으로 봤을 때 수익형 부동산이지만, 시세차익도 아파트만큼은 아니지만 잘 오르는 편이다. 보유하고 있는 지식산업센터의 시세가 상승하여 담보 가치가 올라갔다면 대환대출을 활용하여 지식산업센터 추가 투자금을 확보하는 방법도 있다. 대환대출이란 금융기관에서 대출을 받아 이전의 대출금이나 연체금을 갚는 제도를 말한다.

지식산업센터 대출은 시설자금의 성격인데, 보유하고 있는 지식산업센터의 담보 가치가 올랐다면 기존 시설자금을 대환하면서 자산재평가를 한 후 운전자금으로 추가 대출을 받는 방식으로 투자금을 확보할 수도 있다.

지식산업센터 투자자들의 실투자금을 보면 1억~5억 원 사이가 많다. 이 한정된 투자금을 가지고 최대한 많은 월세 임대소득을 창출해내려면 대출은 필수일 수밖에 없다.

가끔 고객들로부터 지식산업센터 보유 개수와 사업자등록증 보유 개수 제한이 있냐는 질문을 받을 때가 있는데, 이러한 제한은 없다. 실제로 지식산업센터를 100개 호실도 넘게 가지고 있는 사업가도 있다.

지식산업센터 보유 개수 및 사업자등록증 보유 개수 제한은 없지만, 대출한도 제한은 있다. 개인은 은행별로 10억 원까지가 대출한도라고 보면 되고, 법인의 경우 임대법인이나 매출이 없는 신설법인은 대출에 제한이 있다. (재무제표상 재무상태가 건전하다면, 10억 원 이상 가능)

은행별로 대출한도를 다 채울 때까지 투자하다 보면 신용등급은 자연스럽게 하락할 것이고, 더는 대출이 안 나와 투자하기 힘들 때까지 지식산업센터 개수를 늘려갈 수 있다.

현재 사업자대출은 개인대출에 직접적인 영향을 주고 있지는 않지만(지식산업센터 대출과 아파트 담보대출, 전세자금 대출 같은 가계대출과는 상관이 없다는 말), 대출 건수가 늘어날 때 신용등급이 하락할 수 있으니 신용관리도 중요하다.

아래와 같이 신용등급을 관리하는 요령에 대해서 살펴보자.

신용등급에 긍정적인 영향을 미치는 것
1. 대출금에 대하여 연체 없는 결제가 중요함
2. 신용카드 사용 증대
3. 신용카드 사용금액 선결제
4. 주거래은행 거래 확대(예, 적금/공과금 자동이체/펀드/보험 등)
5. 각종 세금 완납
6. 체크카드 매달 연속하여 10만 원 이상 사용
7. 4대 보험(국민연금, 건강보험, 고용보험, 산재보험) 가입자가 유리(근로소득자)
8. 제1금융권 이용하기(제2금융권의 많은 대출 거래는 신용등급 하락 요인)
9. 연봉상승 시 거래 은행에 정보 변경요청하기
10. 통신 요금, 공과금, 국민연금 그리고 건강보험료 등을 연체 없이 6개월 이상 성실하게 납부한 증빙자료를 첨부하여 신용회사로 제출하면 가점 제공

신용등급에 부정적인 영향을 미치는 것

1. 현금서비스
2. 카드론
3. 리스 사용(렌트와 비교) : 자동차 리스 시 통상 대출을 끼는 경우가 많다 보니 카드론처럼 등급이 떨어짐
4. 연체
5. 각종 세금 미납

PART 03

지식산업센터 관련 세금 & 세제혜택

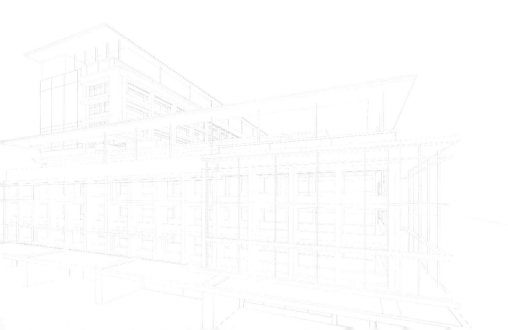

이제부터 초보 투자자들에게 어려울 수 있는 지식산업센터 세금 이슈들을 어느 중소기업 인사팀 '한 과장'의 지식산업센터 취득부터 보유, 양도까지 이야기를 통해 쉽게 알아보자. 이 이야기는 지식산업센터 세금 부분만을 한정하여 지어낸 픽션임을 밝힌다.

- 경기도 분양 지산 : (가칭) 경기도 애플 지산
  [공급평형 : 40평(전용 20평), 분양가 3억, 평당 750만 원]
- 영등포 구축 지산 : (가칭) 영등포 아마존 지산
  [공급평형 : 50평(전용 25평), 매매가 5억, 평당 1,000만 원 / 임대 : 보증금 2천만 원, 임대료 200만 원(VAT 별도), 평당 임대료 4만 원](3년 5개월 보유)
- 가산 분양 지산 : (가칭) 가산 테슬라 지산

- **인사팀의 한 과장, 지식산업센터를 알게 되고 계약을 하다**

서울의 한 중소기업에 다니고 있는 인사팀의 한 과장, 일찍이 팀장이 되어 막중한 책임감과 성실함으로 회사에서 인정받는 팀장 중의 한명이다.

항상 무엇인가를 스스로 알아가고 공부하는 재미를 느끼며 자기 계발에 힘쓰는 청년인 한 과장, 임원들도 회사의 일들을 결정할 때 가끔 그의 의견을 듣기도 한다.

어느 날, 한 과장이 다니는 회사 사무실의 임대차 기간 종료일이 가까워지자 임원 회의에서 사옥 이전 이야기가 나오기 시작했다.

오랜 회의 결과, 임대료를 계속 지출하느니 이번 기회에 사무실을 매수하고 이자 비용을 은행에 납부하는 것이 이익이라 판단했다. 사무실로 사용할 만한 부동산을 팀장 단위에서 알아보고 다시 논의하기로 했다.

한 과장도 회사 사무실을 알아보기 위하여 이런저런 자료들을 찾아보고 조사하던 중 우연히 광고에서 지식산업센터라는 것을 발견하게 됐다.

지식산업센터라는 단어가 왠지 정부에서 지원금이나 보조금을 지원하여 회사들이 입주할 수 있도록 도와주는 것 같은 이미지가 떠올라 긍정적으로 검토해 보기로 했다.

지식산업센터 관련 카페나 블로그도 검색하고, 관련 서적들도 구입하여 조사했더니 사무실이나 공장 용도로 사용하기도 좋고, 개인이 임대사업 목적으로 투자하는 것도 좋겠다는 생각이 들게 되었다.

때마침 한 과장이 사는 경기도 집 근처의 지식산업센터 광고를 우연히 보게 되었다. 그동안 매일같이 지나다니면서도 눈길 한 번 주지 않던 지식산업센터 홍보관들이 하나씩 눈에 보이기 시작했다.

주말마다 여기저기 지식산업센터 홍보관에서 여러 번 상담 받으면서 한 과장은 점점 지식산업센터의 매력에 빠지게 되었다.

결국 한 과장은 본인이 판단했을 때 가장 좋다고 생각한 경기도 애플지산의 1020호, 1021호 두 곳을 계약하게 되었고, 분양직원의 도움을 받아 두 호실에 각각의 사업자등록증도 개설할 수 있었다.

지식산업센터의 매력에 빠져 덜컥 계약은 했지만 이게 잘한 것인지, 아닌지, 앞으로 무엇을 어떻게 해야 하는지를 알지 못하니 마음이 답답했다.

무작정 컴퓨터 앞에 앉아서 지식산업센터에 대한 정보를 검색하던 중, 네이버에서 '지식산업센터 투자 커뮤니티(지산투 네이버카페)'를 발견하게 되고, 그동안 지식산업센터와 관련하여 궁금한 사항들을 '지산투'를 통해 도움을 받게 된다. ("지산투 네이버 카페"를 이하 "지산투"로 줄여서 언급하기로 함)

• **납부한 계약금에 대한 세금계산서와 계산서, 그리고 건물분 부가가치세 〈부가가치세〉**

지식산업센터를 계약하고 기간이 얼마 지나지 않아 한 과장에게 4통의 이메일이 왔다. 바로 건물분에 대한 매입세금계산서(과세)와 토지분에 대한 매입계산서(면세)였다.

한 과장은 평소에 개인적으로 세금계산서를 받아 본 일이 없었기에 너무나 생소했다. 회사 경리팀 직원들이 세금계산서를 발급하는 것을 지나가면서 몇 번 본 것이 전부였다.

이것을 뭐 어떻게 하라는 것인지 막막해진 한 과장, 결국 용기를 내어 약간의 일면식이 있는 지산투의 아파왕에게 연락했다.

– 한과장 : "안녕하세요. 저는 한 과장이라고 합니다. 제가 지난번 경기도 애플 지식산업센터를 분양받고 나서 며칠 전 애플 지식산업센터의 시행사로 보이는 곳에서 발급한 세금계산서와 계산서를 이메일로 받았는데요. 이게 뭐죠? 그리고 제가 무엇을 해야 하는 것인지 잘 모르겠어서 연락드렸습니다."

– 아파왕 : "안녕하세요, 한 과장님. 며칠 전 이메일로 수취한 세금계산서와 계산서는 분양받으신 지식산업센터의 계약금에 대한 건물분 세금계산서와 토지분 계산서입니다. 건물분에 대한 세금계산서에는 부가가치세가 별도로 표기되어 있고, 토지분 계산서에는 부가가치세가 없는 면세입니다. 우선은 부가가치세가 무엇인지에 대하여 간략하게 설명드리겠습니다."

> 부가가치세란 상품(재화)의 거래나 서비스(용역)의 제공과정에서 얻어지는 부가가치(이윤)에 대하여 과세하는 세금이며 개인이 아닌 사업자가 납부하는 부가가치세는 매출세액에서 매입세액을 차감하여 계산하고 부가가치세는 물건값에 포함되어 있기 때문에 실제로는 최종소비자가 부담하는 것입니다. 이렇게 최종소비자가 부담한 부가가치세를 사업자가 대신 세무서에 납부하는 방식입니다. 그러므로 부가가치세 과세대상 사업자는 상품을 판매하거나 서비스를 제공할 때 거래금액에 일정금액의 부가가치세를 징수하여 납부하여야 합니다.

"이제 부가가치세에 대한 내용은 대강 이해하셨죠? 세금계산서 등을 수취한 다음에 과장님이 하셔야 하는 업무 절차는 이렇습니다. 만약 수취한 세금계산서에 표기된 작성날짜가 4월이면 다음 달인 5월 1일부터 25일까지가 부가가치세 조기환급 신고기간이 됩니다.

이 신고기간에 신고를 하시면 신고 마감일(5월 25일)로부터 신고기한의 경과후(5월 26일) 15일 이내에 건물분에 대한 매입세액 환급금이 과장님 계좌로 입금됩니다. 단 조기환급 신고기간이 부가가치세 예정신고와 확정 신고기간과 겹치게 되면 조기환급신고가 아닌 예정신고 또는 확정신고로 진행하셔야 합니다. 또 조기환급을 신고하실 때 조기환급기간에 매출세액이 있다면 매출도 함께 신고하셔야 합니다. 단 주의하실 점은 확정신고 기간에 신고하실 때 조기환급시 신고한 매출 및 매입 부분은 중복되지 않도록 반드시 제외하고 신고하셔야 합니다."

– 한과장 : "자세한 설명 감사합니다. 아파왕님께서 말씀해 주신 것들 다 메모해 놓았습니다. 우선 말씀하신 대로 하나씩 해보도록 하겠습니다. 감사합니다."

– 아파왕 : "네, 한 과장님. 잘 안 되시면 언제든지 연락주세요."

한 과장은 시행사로부터 건물분 세금계산서와 토지분 계산서를 호실별로 아래와 같이 각각 총 4장을 받았다.

개수	구 분	공급가액	세 액	공급대가
1장	1020호 건물분	20,000,000	2,000,000	22,000,000
2장	1020호 토지분	8,000,000	0	8,000,000
3장	1021호 건물분	20,000,000	2,000,000	22,000,000
4장	1021호 토지분	8,000,000	0	8,000,000

한 과장은 지산투에서 알려준 대로 지산투 카페의 '부가가치세 조기환급 셀프신고하기' 글을 보며 스스로 부가가치세 조기환급 신고를 하는 데 성공한다. 지식산업센터 부가가치세 조기환급 셀프신고하는 방법은 2장의 내용을(P. 92~107) 참고하길 바란다.

부가가치세의 과세기간 및 신고납부

부가가치세는 6개월을 과세기간으로 하여 신고·납부하게 되며 각 과세기간을 다시 3개월로 나누어 중간에 예정신고기간을 두고 있다.

과세기간		과세대상기간	신고납부기간	신고대상자
제1기 : 1.1~6.30	예정신고	1.1~3.31	4.1~4.25	법인사업자
	확정신고	1.1~6.30	7.1~7.25	법인·개인일반 사업자
제2기 : 7.1~12.31	예정신고	7.1~9.30	10.1~10.25	법인사업자
	확정신고	7.1~12.31	다음해 1.1~1.25	법인·개인일반 사업자

※ 일반적인 경우 법인사업자는 1년에 4회, 개인사업자는 2회 신고한다.

개인사업자(일반과세자) 중 사업부진자, 조기환급 발생자는 예정신고와 예정 고지세액납부 중 하나를 선택하여 신고 또는 납부할 수 있고 개인 간이과세자는 1년을 과세기간으로 하여 신고·납부하게 된다.

• 1021호실을 전매하다 〈부가가치세〉

지산투 카페의 도움으로 무사히 계약금에 대한 부가가치세 조기환급 신고를 마치고 부가세 환급금까지 수령한 한 과장, 이후 중도금 대출 실행 후 1회차 중도금 대출 부분에 대한 조기환급 신고까지도 손쉽게 할 수 있었다.

어느덧 시간이 흘러 1020호, 1021호 두 개 호실에 대한 2회차 중도금 대출까지 실행되어 중도금 2회차분까지 조기환급을 수령한 한 과장은 지산투를 통해 임차인이 현재 사업을 하고 있는 서울의 한 구축 지식산업센터를 소개받았다.

한 과장은 비록 구축이지만 입지나 수익률 등 조건이 나쁘지 않다고 생각하여 매수하기로 결심한다. 하지만 자금이 조금 부족했다. 현재 구할 수 있는 자금으로는 매수할 수 없는 상황이라 기존의 지식산업센터 분양권 2개 중 1개를 전매하기로 했다.

때마침 고맙게도 경기도 애플 지산의 10층을 찾고 있는 매수자가 있다는 소식을 지산투로부터 듣고 한 과장은 무피 전매로 빠르게 매도를 진행하게 된다.

우선 분양권 전매계약서를 매수인과 매도인이 서로 작성하고, 매도인은 매수인에게 분양계약금을 받게 되고, 그 후 시청(관할지자체)에서 매도인과 매수인 둘 중 한 명이 검인을 받고, 해당 금융기관에서 중도금 대출 승계 후 분양계약서상 명의변경 일정을 잡아 전매를 진행할 수 있었다.

한 과장은 분양권을 매도한 자금과 여유자금, 그리고 신용대출을 보태 임차인이 끼어있는 서울 영등포의 아마존 지식산업센터를 계약했다.

한 과장은 분양권을 매도했으니 양도소득세 신고를 해야 할 것이고, 또 계약금과 중도금 2회차에 대한 매입 부가가치세를 모두 자신이 환급을 받았는데, 분양권을 전매하면서 매도대금으로 부가가치세가 포함된 계약금을 수령하였으니 '계약금에 대한 매입 부가가치세는 두 번 수령한 것이 아닌가?' 하는 생각이 들어 혼란스러워졌다.

다시 정리해 보면 한 과장은 계약금에 대한 매입 부가가치세 200만 원을 조기환급으로 한 번 받고, 1021호 분양권 매수자에게 부가세를 포함한 매도대금 2,200만 원을 받았으니 계약금에 대한 매입 부가가치세 200만 원은 총 두 번 받은 셈이 되는 것이다.

또 중도금에 대한 매입 부가가치세도 시행사에서 대신 납입해 준 것인데, 중도금에 대한 2번의 부가가치세 400만 원도 모두 한 과장이 환급받았다. 뭔가 이상하다고 느낀 한 과장은 다시 지산투에 연락을 하게 된다.

― **한과장** : "여보세요. 안녕하세요. 한 과장입니다. 또 궁금한 점이 생겨서 연락드리게 되었습니다. 사실은 여차저차하여 연락을 드렸습니다. (위의 부가가치세를 두 번 받게 된 상황을 설명했다.)"

― **아파왕** : "네! 설명드리겠습니다. 지식산업센터 분양권 전매 후에는 한 과장님께서 매수인에게 계약금분과 중도금대출 2회차분까지의 건물분 매출세금계산서와 토지분 계산서를 발행해 주셔야 합니다. 그러면 매수인은 한 과장님이

발행하신 매출세금계산서를 가지고 조기환급을 신고하여, 계약금 부분과 중도금대출 2회차에 대한 매입세액을 환급받게 되고, 한 과장님은 반대로 계약금 부분과 중도금대출 2회차에 대한 매출세액을 부가가치세 정기신고 때 신고하고 납부하시게 됩니다. 그러니 지금 당장은 일시적으로 계약금에 대한 매입 부가가치세를 두 번 받게 되는 것이 맞습니다. 결국은 매수자에게 받은 계약금에 대한 부가가치세는 신고하고 납부해야 되거든요." (부가가치세 정기신고기간 등은 앞의 '부가가치세 과세기간' 표를 참조)

– 한과장 : "아파왕님, 또 한 번 감사드립니다. 이 부분도 공부하고 직접 해보도록 하겠습니다."

지산투의 설명을 듣고 궁금한 부분을 해결한 한 과장은 관련 서적과 인터넷을 뒤져 세금계산서 발행 방법을 터득하여 매출세금계산서를 발행하였고, 추후 정기신고 기간에 부가가치세 신고부터 납부까지 모두 마칠 수 있었다.

한 과장의 경기도 애플 지산 매출세금계산서 및 계산서 발행내역

(단위 : 원)

구 분	계약금	중도금1차	중도금2차	합 계	비 고
건물분 공급가액 (과세)	20,000,000	20,000,000	20,000,000	**60,000,000**	세금계산서 발행
건물분 부가가치세 (매출세액)	2,000,000	2,000,000	2,000,000	**6,000,000**	납부 세금
토지분 (면세)	8,000,000	8,000,000	8,000,000	**24,000,000**	계산서 발행
합 계	30,000,000	30,000,000	30,000,000	**90,000,000**	

• 건물분 계약금 ～ 중도금 2차분 : 공급가액 60,000,000원 / 부가가치세 6,000,000원 → 공급대가 66,000,000원

- 토지분 계약금 ~ 중도금 2차분 : 토지분 공급가액 24,000,000원 / 부가가치세 없음 → 공급대가 24,000,000원
- 건물분 + 토지분 공급대가 합계 : 90,000,000원
- 건물분 세금계산서와 토지분 계산서를 각각 발행한 후 부가가치세를 신고하고 납부세액 6,000,000원을 납부하였다.

• 지식산업센터 취득세에 깜짝 놀라다! 〈취득세〉

서울의 구축 아마존 지식산업센터를 계약하고 잔금일이 가까워지자 한 과장은 잔금을 납부할 때 필요한 자금에 대하여 정리를 시작했다.

취득세 부분을 살펴보다 대도시 과밀억제권역에서의 부동산 취득은 취득세가 중과된다는 것을 블로그에서 보게 되었다. 서울도 대도시 과밀억제권역에 해당하는지 알아보았는데, 당연하게 서울 전체가 과밀억제권역에 해당하였고, 중과세율을 살펴보니 표준세율인 4.6%의 약 두 배가량 높은 무려 9.4%였다. 자금계획에 차질이 생긴 한 과장은 깜짝 놀랄 수밖에 없었다.

그렇지 않아도 신용대출까지 일부 받아 모자란 자금을 마련했기 때문에, 취득세 중과는 계획에 없던 큰 차질이 생기는 문제였다.

하지만 이런 것들은 책이나 인터넷을 찾아보면 충분히 정보들을 찾을 수 있을 것 같다는 생각이 든 한 과장은 스스로 방법을 찾아보기로 하고 인터넷 검색과 책들을 통해 공부를 시작했다.

'대한민국에서는 대도시 지역으로 인구와 산업이 지나치게 집중되는 것을 막기 위해서 과밀억제권역이라는 지역을 정하고, 그 지역에서 설립된 지 5년 이내의 법인이 부동산을 취득(신규, 이전)하게 되면 취득세를 무겁게 중과하는구나. 이래서 사람은 공부해야 해!'

중과세율에 대해 약간 깨달은 한 과장은 취득세 중과 관련 법 조항을 살펴보다 한 단어를 보고 미소를 띨 수 있었다.

제27조(대도시 부동산 취득의 중과세 범위와 적용기준)

③ 법 제13조제2항제1호에 따른 대도시에서의 법인 설립, 지점·분사무소 설치 및 법인의 본점·주사무소·지점·분사무소의 대도시 전입에 따른 부동산 취득은 해당 **법인** 또는 행정안전부령으로 정하는 사무소 또는 사업장(이하 이 조에서 "사무소등"이라 한다)이 그 설립·설치·전입 이전에 법인의 본점·주사무소·지점 또는 분사무소의 용도로 직접 사용하기 위한 부동산 취득(채권을 보전하거나 행사할 목적으로 하는 부동산 취득은 제외한다. 이하 이 조에서 같다)으로 하고, 같은 호에 따른 그 설립·설치·전입 이후의 부동산 취득은 법인 또는 사무소등이 설립·설치·전입 이후 5년 이내에 하는 업무용·비업무용 또는 사업용·비사업용의 모든 부동산 취득으로 한다. 이 경우 부동산 취득에는 공장의 신설·증설, 공장의 승계취득, 해당 대도시에서의 공장 이전 및 공장의 업종변경에 따르는 부동산 취득을 포함한다. 〈개정 2013.3.23, 2014.11.19, 2016.12.30, 2017.7.26, 2019.12.31〉

출처 : 국가법령정보센터

'아! 법인만 중과세율에 해당하는 것이었구나. 이런 바보! 개인사업자는 취득세 중과세와 상관없는데, 제대로 살펴보지도 않고 괜히 마음 졸이고 있었네. 아무튼 다행이다. 휴~'

한 과장은 취득세 중과 적용 범위가 대도시에 설립한 지 5년 이내의 법인만 해당한다는 사실을 알고 안도의 한숨을 쉴 수 있었다. 그래도 혹시나 하는 생각에 지산투에 확인을 해보고 싶어서 문자로 연락을 해보았다.

— **한과장** : "안녕하세요, 한 과장입니다. 개인사업자는 과밀억제권역에서 부동산을 취득해도 취득세 중과세율 적용받지 않는 것이죠?"

— **아파왕** : "한 과장님, 안녕하세요. 맞습니다! 개인사업자는 취득세 중과 적용이 없고 중과 규정에 해당하는 법인사업자에게만 적용됩니다."

— **한과장** : "아! 다행이네요. 저는 개인사업자도 취득세 중과 적용받는 줄 알고 얼마나 마음 졸였는지 모릅니다. 참! 혹시라도 법인사업자라도 취득세 중과를 피할 방법이 있을까요?"

문득 한 과장은 얼마 전 서울에서 법인을 설립하여 사업을 시작한 친구가 생각났다. 그 친구도 지식산업센터에 관심이 있어 사무실로 쓰고 싶다고 한 이야기가 기억나 법인이 취득세 중과를 피하는 방법이 있다면 알려주고 싶었다.

– 아파왕 : "법인이 과밀억제권역 내에서 지식산업센터를 취득하였어도 취득세 중과를 피하는 방법이 몇 가지 있습니다. 내용이 좀 기니 제가 지난번에 받은 명함에 있는 한 과장님 메일로 정리해서 보내드리겠습니다."

– 한과장 : "네, 아파왕님. 매번 감사합니다. 이 은혜를 어떻게 갚아야 할지요! 다음번에 같이 식사하시죠?"

– 아파왕 : "네, 알겠습니다. 한 과장님. 감사합니다."

문자로 대화를 마치고 얼마 지나지 않아 아파왕으로부터 아래와 같이 메일이 도착했다.

안녕하세요! 한 과장님.
좀 전에 말씀드린 법인이 대도시 과밀억제권역에서 취득세 중과를 피하는 방법입니다.

〈과밀억제권역 내 지식산업센터 취득시 취득세 중과를 피하는 방법(법인)〉

1. 과밀억제권역이 아닌 곳에 법인 본점을 설립하고 과밀억제권역의 지식산업센터를 매수합니다. (과밀억제권역 내에서 취득한 지식산업센터에서 인적 및 물적 설비를 갖추고 계속하여 사무 또는 사업이 행하여지지 않고 임대 목적일 경우에만)
2. 산업단지 내의 지식산업센터를 매수합니다.
3. 과밀억제권역에서 법인을 설립하고 5년이 경과한 법인이 부동산 취득(실제 5년 동안 법인을 운영해야 함 / 휴면법인은 해당 안 됨)을 합니다.
4. (1) 대도시 밖에서 법인을 설립한 후 (2) 대도시 내의 임대목적용(직접 사용 X) 부동산을 취득하고 (3) 대도시 내로 법인을 이전하면 '(2)'에서 취득한 임대 목적 부동산의 취득세는 추가로 중과되지 않습니다. → 이것은 반드시 순서대로 진행하셔야 합니다. [지방세법 시행령 제27조 3항(아래 법조항 참조) 대도시 부동산 취득 중과범위에서 법인이 대도시 내로 전입 전에 취득한 부동산에 대하여 비사업용, 비업무용 부동산 취득이라는 단어가 빠져있기 때문에 임대 목적 부동산(비사업용 부동산)은 취득세 중과가 되지 않을 것으로 생각됩니다.]

5. 취득세 중과세율은 법인만 해당하므로 과장님처럼 개인사업자로 매수하는 방법도 있습니다.

그리고 참고로 과밀억제권역에서 성장관리권역으로 법인 본점을 이전하는 법인은 부동산 취득세를 100% 감면해 주고 재산세도 5년간 100% 감면하고 이후 3년 동안은 50%를 감면해 주고, 법인세 또한 4년간 100%를 감면하고 이후 2년 동안은 50%를 감면해주는 혜택이 있습니다.

또한 지식산업센터에 최초 입주(전매 취득도 해당)하여 직접 사업에 사용하는 개인 및 법인사업자는 2022년 12월 31일까지 취득세 50%와 재산세 37.5%를 감면해 줍니다. (당초 2019년 12월 31일까지가 일몰 기한이었으나 2019년 지방세 관계 법률 개정안에 따라 2022년 12월 31일까지 취득분으로 연장)

다만 정당한 사유 없이 그 취득일부터 1년이 경과할 때까지 해당 용도로 직접 사용하지 않고 5년 이내에 임대나 매각, 증여하는 경우에는 감면받은 취득세를 추징당할 수 있습니다.

또한 기존에 이미 준공된 지식산업센터를 매수하여 취득하는 법인과 지원시설, 근린생활시설은 감면대상이 아닙니다.

한 과장님 친구분께 도움이 되셨으면 합니다.

혹시 또 궁금하신 점 있으면 언제든 연락주시기 바랍니다.

그리고 아래의 홈페이지는 지방세 관련 판례와 법령 조회 가능한 곳인데 꽤 유용한 정보가 많습니다.

[지방세 법령정보시스템] https://www.olta.re.kr/main.do

여기서 '지식산업센터'라고 검색하면 지식산업센터 관련 지방세 판례, 질의회신, 유권해석 법령들이 모두 검색되니 참고하세요!

아파왕님의 메일로, 답답하던 마음이 풀려 후련해진 한 과장은 맘 편히 점심을 먹으러 갈 수 있었다.

TIP

수도권정비계획법

수도권정비계획법 제6조(권역의 구분과 지정)

① 수도권의 인구와 산업을 적정하게 배치하기 위하여 수도권을 다음과 같이 구분한다.

  1. 과밀억제권역: 인구와 산업이 지나치게 집중되었거나 집중될 우려가 있어 이전하거나 정비할 필요가 있는 지역

2. 성장관리권역: 과밀억제권역으로부터 이전하는 인구와 산업을 계획적으로 유치하고 산업의 입지와 도시의 개발을 적정하게 관리할 필요가 있는 지역

3. 자연보전권역: 한강 수계의 수질과 녹지 등 자연환경을 보전할 필요가 있는 지역

② 과밀억제권역, 성장관리권역 및 자연보전권역의 범위는 대통령령으로 정한다.

〈과밀억제권역 : 수도권정비계획법 시행령 별표1〉

1. 서울특별시 전체

2. 경기도 일부
   해당지역 – 의정부시, 구리시, 하남시, 고양시, 수원시, 성남시, 안양시, 부천시, 광명시, 과천시, 의왕시, 군포시, 시흥시, 남양주시의 일부 지역(호평동, 평내동, 금곡동, 일패동, 삼패동, 가운동, 수석동, 지금동, 도농동, 다산동)

3. 인천광역시 일부
   제외지역 – 강화군, 옹진군, 인천경제자유구역*, 남동국가산업단지, 서구 일부 지역(대곡동, 불노동, 마전동, 금곡동, 오류동, 왕길동, 당하동, 원당동)

출처 : 국가법령정보센터

▲ 수도권 과밀억제권역과 성장관리권역

- 첫 임대소득이 발생하다! 1탄 〈취득세, 부가가치세, 재산세〉

취득세 중과에 대한 답답했던 것들을 해결한 한 과장은 서울 영등포의 구축 아마존 지식산업센터의 잔금을 지불하고, 취득세(4.6%) 신고와 납부, 등기까지 모두 마무리하여 임대소득이 발생하는 첫 번째 지식산업센터를 갖게 되었다. 드디어 근로소득 외에 첫 임대소득이 발생하게 되었다.

한 과장은 영등포 구축 아마존 지식산업센터를 취득하면서 아래와 같이 2천 3백만 원의 취득세를 납부하게 된다.

지식산업센터 취득세 표준세율

취득세	농어촌특별세	지방교육세	합 계
4.0%	0.2%	0.4%	4.6%

취득가액 5억원 × 4.6% = 23,000,000원

만약 설립 5년 미만인 친구의 법인으로 취득하였다면, 무려 2배가 넘는 4천 7백만 원의 취득세를 신고하고 납부해야 되는 것이다.

지식산업센터 취득세 중과세율

취득세	농어촌특별세	지방교육세	합 계
8.0%	0.2%	1.2%	9.4%

취득가액 5억원 × 9.4% = 47,000,000원

만약 취득세 중과를 적용받지만 실제 사업에 사용하게 된다면 중과세율(9.4%)에서 50%를 감면한 4.7%의 취득세율을 적용받아 23,500,000원의 취득세를 신고하고 납부하면 된다.

취득세 중과세 계산을 좀 더 자세히 들여다보자.

> 설립된 지 5년 미만의 법인이 과밀억제권역 내 지식산업센터(취득가액 5억)를 매수한 경우
> - 취득세 중과세액 = 과세표준(5억원) × [4% × 3배 − 2% × 2배] = 5억원 × 8% = 4천만 원
> - 농특세 0.2% + 지방교육세 1.2% = 5억원 × 1.4% = 7백만 원
> - 합계 : 4천만 원 + 7백만 원 = 4천 7백만 원 (세율 9.4%)

지방세법 13조 2항에 따라서 이런 구조로 계산되는 것이다.

어쨌든 한 과장은 영등포 지식산업센터를 개인사업자로 취득세 중과 없이 취득하여 드디어 종합소득자의 길로 첫발을 내딛게 되었다.

• 부가가치세

어느새 월말이 되었다. 평소와 같이 회사에서 일하며 평범하게 지내던 한 과장에게 "띠링"하고 은행에서 입출금 문자 한 통이 왔다. 그렇게 기다리던 첫 월세 입금 알림 문자였다.

한 과장의 마음은 매우 기쁘기도 하고 설레기도 했지만, 회사에서 일을 하는 중이라 기쁜 표정을 감추느라 어려웠다.

그래도 이 기쁜 소식을 빨리 아내에게 알려야겠다는 마음에 점심시간이 되자마자 아내에게 전화를 걸었다.

– **한과장** : "여보! 드디어 첫 월세가 입금됐어! 무려 220만 원이야! 은행 이자 비용을 빼고도 100만 원이나 남을 것 같아."

– **아내** : "와! 한달에 100만원 씩이나 남아? 축하해! 이제 우리 금방 부자 되는 거야?"

– **한과장** : "아직 그 정도는 아니야. 그냥 기뻐서 전화했어. 이따 집에 가서 더 이야기하자."

– **아내** : "그래, 점심 맛있게 먹고 이따 봐."

아내와의 통화를 마친 한 과장은 기쁜 마음으로 점심을 먹으러 갔다. 그런데 문득 분양사무소 직원이 예전에 한 이야기가 떠올랐다.

'나중에 지식산업센터가 준공되고 임대를 시작하게 되면, 임차인에게 임대료에 대한 세금계산서를 꼭 발행해 주셔야 해요.'

'아! 맞아. 세금계산서 발행하라고 했지.'

한 과장은 예전에 경기도 애플 지식산업센터를 전매하여 매도할 때 세금계산서를 발행한 기억을 떠올렸다.

'임대차 계약서를 보니 매월 말일 날짜로 임대료를 받게 되어 있으니 매월 말일 날짜로 발행하면 되겠군. 세금계산서 등의 발행은 다음 달 10일 전까지 발행해야만 가산세를 물지 않는다고 그랬으니 잊어버리지 않게 일정표에 기록해야겠네. 아예 넉넉하게 매달 5일은 이전 달의 임대료에 대한 세금계산서 등을 발행하는 날로 잊어버리지 않게 일정을 등록해야겠어.'

예를 들어 세금계산서 작성일자를 3월로 하고 싶다면, 늦어도 4월 10일까지는 발행을 해야 한다. 만약 10일이 주말 또는 공휴일이면 다음 영업일까지 발행하면 된다.

한 과장은 휴대전화 일정 앱에 '매월 임대료 세금계산서 발행하기' 일정을 등록하고 알람을 설정하였다.

이렇게 잊지 않고 매월 세금계산서를 발행하며 월세도 받으며 바삐 지내다 보니 어느새 7월이 되었다.

매년 7월은 1기 확정분 부가가치세를 신고하고 납부하는 달이라 국세청에서 납세자들에게 우편 등으로 안내문을 보낸다. 한 과장 역시 안내문을 받아 보게 되었고, 부가가치세를 신고하기 위해 홈택스에 접속했다.

'먼저 1월부터 6월까지의 매출에 대한 부가가치세와 임차보증금에 대한 간주임대료의 10%를 계산하여 합산한 숫자가 총 매출세액이 되고, 여기에 1월부터 6월까지의 매입세액을 빼면 납부해야 할 세액이 나오겠군.'

한 과장은 벌써 부가가치세 신고에 관한 내용들이 머릿속에 대강 그려질 정도로 이미 많은 공부가 되어 있었다.

이제 한 과장은 스스로 공부한 정보와 지산투 카페를 통해 초보자답지 않은 능숙함으로 아래와 같이 부가가치세 신고도 할 수가 있었다.

구 분	계 산 식	금 액
(+)매출세액	200,000원 × 6개월	(+)1,200,000원
(+)간주임대료	보증금 20,000,000원 × 1.2% × 10%	(+)24,000원
(−)매입세액	0 × 10%	(−)0원
(−)전자세액공제	확정신고 시	(−)10,000원
납부세액		1,214,000원

• 재산세

부가가치세 신고를 하고 며칠이 지난 후, 한 과장에게 우편물이 날아왔다. 바로 건물분 재산세 고지서였다.

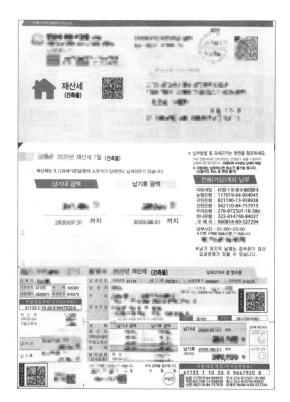

재산세는 신고할 필요가 없으므로 고지된 것을 납부만 하면 되는데, 한 과장은 미리 공부해 두는 것이 좋을 것 같아 따로 재산세에 대하여 알아보기로 했다.

'주택과 마찬가지로 지식산업센터의 재산세도 매년 6월 1일을 기준으로 하여 소유자에게 부과되는구나. 그리고 매년 7월에는 건물분 재산세가 부과되고 9월에는 토지분 재산세가 부과되는데, 재산세는 신고 · 납부제도가 아닌 고지 · 납부제도이고, 지방세라 관할관청에서 고지하는 금액을 빼먹지 말고 납부만 잘하면 되겠군. 혹시라도 우편물 배송 과정에서 분실될 수도 있으니 날짜를 잊어버리지 말고 잘 내야겠네. 납부 기한을 놓치면 아까운 연체료만 더 물게 되니까.'

아래는 한 과장이 인터넷에서 정보들을 찾아 공부하고 메모한 내용이다.

건물분 재산세 구성 : 재산세(A) + 지방교육세(B) + 도시지역분(C) + 지역자원시설세(D)
• 재산세(A) : 건물시가표준액 × 면적 × 공정시장가액비율(70%) × 재산세율(0.25%)
• 지방교육세(B) : 재산세 납부세액 × 20%
• 도시지역분(C) : 재산세 과세표준 × 0.14%
• 지역자원시설세(D) : 재산세 과세표준 × 지역자원시설세율(아래참조) × 중과대상 배수

건축물 시가표준액 조회 : https://www.wetax.go.kr
(홈페이지 상단의 "지방세정보" → "시가표준액 조회" 메뉴에서 건축물의 주소를 입력하고 검색하면 건축물의 시가표준액이 조회된다.)

	과세표준	세율
지역지원 시설세 (소방시설)	600만원 이하	0.04%
	600만원 초과 1,300만원 이하	2,400원+600만원 초과금액의 0.05%
	1,300만원 초과 2,600만원 이하	5,900원+1,300만원 초과금액의 0.06%
	2,600만원 초과 3,900만원 이하	13,700원+2,600만원 초과금액의 0.08%

	3,900만원 초과 6,400만원 이하	24,100원+3,900만원 초과금액의 0.10%
지역지원 시설세 (소방시설)	6,400만원 초과	49,100원+6,400만원 초과금액의 0.12%
	※ 중과세 대상 – 저유장, 주유소, 정유소, 유흥장, 극장, 4층 이상 10층 이하의 건축물 등 화재위험 건축물은 표준세율의 2배 중과 – 대형마트, 복합상영관, 백화점, 호텔, 11층 이상의 건축물 등 대형 화재위험 건축물은 표준세율의 3배 중과	

토지분 재산세 구성 : 재산세(A) + 지방교육세(B) + 도시지역분(C)

· 재산세(A) : 토지공시지가 × 면적 × 공정시장가액비율(70%) × 재산세율(0.2%)

· 지방교육세(B) : 재산세 납부세액 × 20%

· 도시지역분(C) : 재산세 과세표준 × 0.14%

토지 개별공시지가 조회 : https://www.realtyprice.kr:447

("개별지"버튼을 클릭하고 해당 토지 지역의 버튼을 클릭한 후 주소를 입력하면 해당 토지의 개별공시지가가 조회된다.)

'재산세도 계산구조를 보니 그렇게 복잡하지는 않네? 언젠가 공부한 것들이 도움이 될 날이 있겠지.'

한 과장은 지식산업센터의 세금에 대한 부분들을 하나씩 경험하고 공부하면서 자신도 모르게 점점 실력이 늘어가고 있었다.

· **첫 임대소득이 발생하다! 2탄 〈교통유발부담금, 종합부동산세, 종합소득세〉**

시간이 지나 어느덧 10월이 되었다. 한 과장은 지금까지 취득세 납부, 임대료에 대한 세금계산서 발행과 부가가치세 신고, 중간중간 분양받은 지식산업센터의 중도금분에 대한 부가세 조기환급신고, 건물분과 토지분 재산세 납부까지 모두 처리했다.

'이제는 내년에 종합소득세를 공부하고 신고하고 납부만 하면 되겠지.'라고 생각하던 한 과장에게 임차인으로부터 전화가 왔다. 구청에서 교통유발부담금 고지서가 도착했다는 연락이었다.

'교통유발부담금은 또 뭐지?' 고지서를 사진 찍어 휴대폰으로 보내달라고 임차인에게 부탁드렸다.

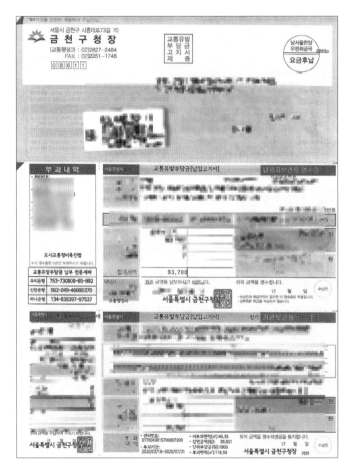

임차인으로 부터 받은 교통유발부담금 고지서 사진은 난생 처음 보는 것이었다.

'올해는 태어나서 처음 보는 세금들을 많이 겪어보는구나.' 한 과장은 교통유발부담금은 무엇인지 알아보기로 마음먹고, 교통유발부담금에 대하여 알아보기로 했다.

['교통유발부담금' 관련 정보]
- 관련법규 : 도시교통정비촉진법 제36조 및 동법시행령 제16조
- 부과대상지역 : 상주인구 10만 이상의 도시 등 인구밀집지역
- 부과대상시설 : 건축물 연면적 1,000㎡ 이상인 시설물이며 구분소유 시설물인 경우에는 1인 소유면적이 160㎡ 미만이면 부담금이 면제된다.
- 부과대상기간 : 8월 1일 ~ 7월31일 (1년분 후납제)
- 부과대상자 : 7월 31일 현재 시설물 소유자
- ※ 부담금 고지서를 받은 날부터 10일 이내에 소유권 변동사실 신청하여야 하며 미신청시 전소유자의 부담금을 승계한다.
- 부과고지시기 : 9월 말~10월 초(연1회)
- 납부기간 : 10월 16일 ~ 10월 31일
- ※ 부과기간 1년 미만인 경우 월단위로 계산(잔여일수는 일할계산)
- 감면대상 : 부과기간(8월 1일 ~ 7월 31일) 중 30일 이상 미사용한 시설물
- 감면대상 증빙 : (1)전기, 수도, 가스 사용내역 및 관리비내역 (2)휴업·폐업증명서 (3)부동산임대공급가액명세서(부가세신고 후 발급) 등 시설물 미사용 증거자료 중 1가지를 선택하여 관할 구청 및 시청에 제출
- 계산산식 : 교통유발 부담금=시설물의 각 층 바닥면적의 합계 × 단위부담금 × 교통유발계수(일반적으로 기준시가 5억 정도면 70만원 정도의 부담금이 부과된다)
- 기타사항 : 부과기간 중에 매수&증여 등으로 소유권이 변경된 경우라면 '일할계산 신청'도 가능하다. 이전 소유자인 매도인 등과 부담금을 나누어 납부하도록 신청할 수 있는 제도도 마련되어 있다. 또한 납부금액이 500만원 이상일 경우 분납도 가능하다.
- 납부부담의무 : 보통은 임대인(시설물 소유주)가 부담하지만 특약이 있으면 임차인이 부담하기도 하고 절반씩 부담하기도 한다.

'그럼 내 영등포 아마존 지식산업센터의 경우, 올해 초에 취득하여 7월 31일 현재 소유자가 나로 되어 있으며 건축물 연면적 또한 1,000㎡이상이고, 내가 소유한 면적도 160㎡ 이상이 되니 위의 모든 기준에 부합하여 교통유발부담금이 나온 것이구나! 다음번에는 잘하면 위의 기준에 해당하지 않는, 교통유발부담금을 피할 수 있는 물건도 찾을 수 있겠구나.' 한 과장은 나중을 위해 교통유발부담금에 대한 메모도 따로 해두었다.

이렇게 한 해가 거의 다 지나 마지막 달인 12월이 되었다. 뉴스와 신문 기사에는

종합부동산세에 관련한 이야기들이 심심치 않게 나오고 있었다. 한 과장은 문득 의문이 들었다.

'지식산업센터는 종합부동산세 납부 안 하는 건가? 지식산업센터에 대하여 종합부동산세를 납부하라는 이야기는 들어본 적이 없는 것 같은데?'

한 과장은 덮어두었던 책들과 인터넷을 다시 뒤적이며 자료들을 찾아 아래와 같이 종합부동산세에 대하여 정리하였다.

구 분	종합부동산세 부과대상		납세의무자
토지	재산세 과세대상 토지	분리과세(제외)	–
		종합합산	전국합산 5억원 초과한 자
		별도합산	전국합산 80억원 초과한 자
주택	재산세 과세대상 주택(별장제외)		전국합산 6억원 초과한 자
건축물	재산세 과세대상 건축물(과세 제외)		–

'지식산업센터는 건물분은 종합부동산세가 과세되지 않고 토지 부분에 대해서만 과세되는데, 별도 합산 부분에 해당되니 토지 공시가격이 80억 초과하는 경우에만 과세 의무가 발생하는군. 그런데 지식산업센터 토지 부분의 공시가격의 합계가 80억이 되려면 도대체 몇 개의 지식사업센터를 소유해야 종합부동산세를 납부할 수 있는 거지? 최소 100~200개는 소유해야 하지 않을까?'

한 과장은 과연 지식산업센터 소유만으로 종합부동산세를 납부하는 사람이 있을까 하는 의문도 들었다.

이렇게 종합부동산세 정리를 마무리로, 한 과장은 지식산업센터 취득 후 1년의 기간을 보내고 다음해 1월이 되어 2기 확정분 부가가치세를 신고하고 납부하였다. 그리고 5월이 되자 종합소득세 신고 안내문이 휴대폰으로 도착했다. 안내문에는 한 과장이 작년에 부동산임대소득으로 벌어들인 수입금액과 신고유형 등이 적혀있었다. 안내문을 읽고 어느 정도 이해는 갔지만, 이번에는 또 어떻게 해야 할지 막막했다. 그래서 이번에도 아파왕께 연락을 드렸다.

– 한과장 : "안녕하세요! 한 과장입니다. 잘 지내시죠?"

– 아파왕 : "오랜만이네요. 과장님도 건강히 잘 지내고 계시죠?"

– 한과장 : "종합소득세 신고 관련 여쭤볼 것이 있는데요. 어디에 어떻게 물어봐야 할까요?"

– 아파왕 : "네, 지산투에서 제휴하여 함께 일하고 있는 세무사 사무실이 있거든요. 제가 연락처를 드릴 테니 통화해 보시는 것이 더 도움될 것 같습니다. 연락해 보시고 혹시 다른 궁금한 점이 있으면 다시 연락해 주세요."

– 한과장 : "네, 알겠습니다. 매번 이렇게 도움만 받네요. 감사합니다."

– 아파왕 : "괜찮습니다. 연락해 보시고 많은 도움이 되셨으면 좋겠습니다."

한 과장은 전화를 끊고 소개받은 세무사에게 연락했다.

– 한과장 : "안녕하세요? 세무사님, 지산투 소개로 연락드렸습니다."

– 세무사 : "네, 안녕하세요."

– 한과장 : "제가 이번에 종합소득세 신고를 하려고 하는데 어떻게 해야 하는지 막막해서 연락드렸습니다."

– 세무사 : "종합소득세 신고는 처음 해보면 어렵게 느껴지지만 구조만 알고 몇 번 해보시면 어렵지 않게 신고하실 수 있으실 거예요. 신고하는 방법은 전화로 설명해 드리기 어려우니 제가 메일로 참고하실 자료들을 보내드릴게요. 참고하셔서 신고해 보시고 궁금한 점 있으시면 언제든 다시 연락해 주세요."

– 한과장 : "감사합니다. 메일주소는 제가 문자로 보내드릴게요. 부탁드리겠습니다."

얼마 후, 세무사로부터 메일이 도착했다.

제목 : 종합소득세 신고 관련 내용

보낸 사람 : 박 세무사〈0000000@naver.com〉
받는 사람 : 한 과장〈0000000@naver.com〉

안녕하세요? 한 과장님. 종합소득세 신고 구조 등 필요하신 내용들을 간단하게 정리해서 보내드립니다.
도움이 되셨으면 좋겠습니다.

▲ 종합소득세 세액계산 흐름도(출처 : 국세청)

종합소득은 1년 동안의 이자, 배당, 사업, 근로, 연금, 기타소득을 모두 합산하여 매년 5월(성실신고 대상자는 6월)에 신고하는데, 총수입금액에서 비용을 뺀 수익에 대하여 산출세액을 구하는 구조입니다.

※ 이자소득과 배당소득은 합산하여 연간 2천만 원을 초과하면 종합소득신고 대상입니다.

과세 기간 : 1월 1일 ~ 12월 31일
신고 기간 : 매년 5월 1일 ~ 5월 31일(성실신고 대상자는 6월 30일까지)
신고 방법(자진신고 자진 납부) : 추계신고, 장부 기장신고
(홈택스, 손택스, 서면 신고, 세무 대리인을 통한 신고 가능)

예를 들어 1년 동안 지식산업센터를 임대하여 받은 임대료 총수입이 12,000,000원이고 취득 관련 이자 비용 등 필요경비 총액이 7,000,000원이라고 가정하면 수입에서 비용을 뺀 5,000,000원이 세율을 곱하는 과세표준이 됩니다.

신고 방법에는 추계신고와 장부 기장신고 방법이 있는데 추계신고는 업종코드별로 정해진 일정 공제율을 적용하여 신고하는 방식이고, 장부 기장신고는 수입과 비용에 대한 회계장부를 작성하여 장부를 기초로 신고하는 방식입니다.

추계신고의 경우 별도의 장부기장이 필요하지 않기 때문에 비용에 대한 문제를 신경 쓸 필요가 없지만, 장부 기장의 경우에는 아래의 종합소득세 필요경비 인정항목을 참조하기를 바랍니다.

〈지식산업센터 임대사업 시 필요경비 인정항목〉 (추계신고 시에는 해당 안 됩니다.)

1. 대출 이자 비용 : 해당 부동산을 취득&보유하면서 발생한 이자 비용

2. 공인중개사 중개보수 : 해당 부동산의 임대차를 맞출 때 들어간 중개보수

3. 인테리어비용과 수리 비용 : 인테리어 비용, 해당 건물에 들어간 각종 수리 비용

4. 재산세&종합부동산세 : 7월 건물분, 9월 토지분 재산세, 12월 종합부동산세
   (취득세는 부동산 취득가액에 포함하여 종합소득세 신고시 감가상각비로 비용처리 하든가, 아니면 양도소득세를 계산할 때 취득가액에 더하여 양도차익을 줄이던가 선택할 수 있습니다)

5. 교통유발부담금, 폐기물처리부담금 등 법령에 따라 의무적으로 납부하는 공과금들

6. 건물 화재보험료, 사업 관련 공인중개사 중개보수

7. 감가상각비(철근 콘크리트 건물 내용연수 40년 적용) : 부동산 취득가액에서 40을 나눈 숫자를 비용처리
   단, 법인세법 시행규칙 별표5 [건축물 등의 기준내용연수 및 내용연수범위표]에서는 공장, 발전소, 창고 등에 대해서는 본래 기준 내용연수의 절반을 기준내용연수로 한다고 규정하고 있습니다. 즉, 지식산업센터 제조형 공장이나 창고의 경우 콘크리트 구조이지만 40년이 아닌 20년을 적용합니다.
   ex) 부동산 가액 4억 원 / 내용연수 40년 → 4억 나누기 40 = 1천만 원(매년 감가상각비로 비용으로 처리할 수 있는 금액)
   ※ 주의사항 : 감가상각비로 비용처리를 하면 추후에 매도시 양도소득세에서 감가상각한 금액만큼 취득가액에서 빼야 합니다. 그러면 양도차익이 커져서 양도소득세가 더 많이 나옵니다. 종합소득세와 양도소득세 모두 비용으로 처리하면 안 됩니다.

과세기간 중 발생한 총수입금액에서 추계공제율 또는 위의 비용들과 각종 인적공제와 특별공제들을 공제하고 나면 과세표준금액이 나오는데 여기에 아래의 세율을 곱하여 산출세액을 구하게 됩니다.

<종합소득세 기본세율>

과 세 표 준	세 율	누 진 공 제	비 고
0원 ~ 1,200만원 이하	6%	0원	
1,200만원 초과 ~ 4,600만원 이하	15%	108만원	
4,600만 초과 ~ 8,800만원 이하	24%	522만원	
8,800만원 초과 ~ 1.5억원 이하	35%	1,490만원	
1.5억원 초과 ~ 3억원 이하	38%	1,940만원	
3억원 초과 ~ 5억원 이하	40%	2,540만원	
5억원 초과 ~ 10억원 이하	42%	3,540만원	
10억원 초과	45%	6,540만원	2021년 신설

이렇게 구한 산출세액에 각종 세액공제, 감면과 기납부세액을 빼고 나면 납부(환급)해야 할 세액을 구할 수 있습니다.

'복잡해 보이기는 하는데 열 번 정도 읽어보니 대충 어떤 말인지 알겠다. 이번 주말에 한번 종합소득세 공부도 하고, 신고도 직접 해봐야겠네.'

한 과장은 다시 공부의 열의를 가지고 종합소득세 관련 정보들을 모으기 시작했다. 주말 아침 일찍 따뜻한 모닝커피 한 잔과 함께 아침 햇살을 받으며 서재에 앉았다.

'이번 주말에는 종합소득세 신고를 내 손으로 꼭 해보리라!'

한 과장은 우선 컴퓨터를 이용하여 엑셀 프로그램으로 나의 종합소득을 계산해보기로 했다.

'나의 총 근로소득 6천만 원, 총 임대소득 2천만 원(코로나로 인한 렌트프리 일부 적용), 간주임대료 등 잡이익은 일단 제외하여 계산해보기로 하고, 임대소득이 있을 경우와 없을 경우 실질적인 세액은 얼마나 차이가 나는지도 궁금하니 그것도 같이 계산해 보자.'

'나의 기장의무는 간편장부대상자, 추계신고 시 적용 경비율은 단순경비율이네? 그러면 기장신고가 더 좋은지 추계신고가 더 좋은지도 비교해 봐야겠다. 근로소득 총 급여액이 6천만 원이고 근로소득공제를 기본으로 빼고 나면 근로소득금액이 되고, 임대소득 2천만 원에 필요경비(공제금액) 1천 2백만 원(이자 비용 등)을 빼고 나면 임대소득금액이 되니까, 소득금액 둘을 합한 것이 종합소득금액이 되는구나!'

'그러면 이제 공제를 해봐야겠군. 인적공제 1인당 150만 원씩 공제하면 되는데 나는 기본공제 대상자로 나랑 아들이랑 2명을 넣어 300만 원을 공제받고, 여기에 건강보험, 국민연금, 고용보험료, 신용카드 공제의 합계가 대략 1천만 원이니, 종합소득공제금액 총합계가 1천 3백만 원 정도 되는구나!'

'그러면 이제 종합소득금액에서 종합소득공제금액을 빼면 과세표준이 나오니, 여기에 세율을 곱하면 산출세액이 나오게 되는구나. 이 산출세액에서 근로소득세액공제, 자녀 세액공제, 보험료 세액공제, 기부금 세액공제를 빼면 납부할 세금이 약 440만 원 정도 나오는데, 여기에 10% 지방소득세를 더하면 총 납부할 종합소득세와 지방소득세는 약 500만 원 정도겠네. 그리고 추계신고 했을 경우도 아래에 같이 계산해서 비교해 볼까?'

[기장신고 VS 추계신고 비교]

(단위 : 원)

구 분	기장신고	추계신고 (단순경비율)	비고
총 급여(근로소득)	60,000,000	60,000,000	
근로소득공제	12,750,000	12,750,000	
근로소득금액(A)	47,250,000	47,250,000	
임대소득	20,000,000	20,000,000	

	12,000,000 (실제 들어간 이자비용 등)	11,440,000 (단순경비율 57.2%)	
필요경비			
임대소득금액(B)	8,000,000	8,560,000	
종합소득금액(A)+(B)	55,250,000	55,810,000	
종합소득공제 합계	13,000,000	13,000,000	
(인적공제 2명)	3,000,000	3,000,000	
(기타&특별공제)	10,000,000	10,000,000	
과세표준	42,250,000	42,810,000	
산출세액(15%)	5,257,500	5,341,500	
세액공제 (자녀,의료비,근로 등)	800,000	800,000	
			차액
차감납부세액	4,457,500	4,541,500	84,000
지방소득세	445,750	454,150	8,400
총 납부세액	4,903,250	4,995,650	92,400

'이번에는 이자 비용 때문에 장부기장 하는 것이 산출세액이 더 적게 나오네? 올해 대출 금리가 좀 내려가면 내년에는 단순경비율로 추계신고하는 것이 더 낫겠구나. 하나하나 뜯어서 보니까 좀 보이는 것 같네. 어쨌든 이번에는 장부기장 신고로 해야겠다. 그런데 근로소득 외 타 소득의 수입금액이 일정 금액을 넘어가면 단순경비율 적용이 안 된다고 했던 것 같았는데. 그것도 찾아서 같이 메모해 놔야겠어.'

참고 : 업종별 수입금액에 따른 신고 의무

업 종 별	복식부기 의무자	간편장부 대상자	기준경비율 적용 대상자	단순경비율 적용 대상자
가. 농업 · 임업 및 어업, 광업, 도매 및 소매업(상품중개업을 제외한다), 제122조제1항에 따른 부동산매매업, 그 밖에 '나'군 및 다'군에 해당하지 아니하는 사업	3억원 이상자	3억원 미만자	6천만원 이상자	6천만원 미만자
나. 제조업, 숙박 및 음식점업, 전기 · 가스 · 증기 및 공기조절 공급업, 수도 · 하수 · 폐기물처리 · 원료재생업, 건설업(비주거용 건물 건설업은 제외), 부동산 개발 및 공급업(주거용 건물 개발 및 공급업에 한정), 운수업 및 창고업, 정보통신업, 금융 및 보험업, 상품중개업, 욕탕업	1억5천만원 이상자	1억5천만원 미만자	3천6백만원 이상자	3천6백만원 미만자
다. 법 제45조제2항에 따른 부동산 임대업, 부동산업(제122조제1항에 따른 부동산매매업 제외), 전문 · 과학 및 기술 서비스업, 사업시설관리 · 사업지원 및 임대서비스업, 교육 서비스업, 보건업 및 사회복지 서비스업, 예술 · 스포츠 및 여가관련 서비스업, 협회 및 단체, 수리 및 기타 개인 서비스업, 가구내 고용활동	7천5백만원 이상자	7천5백만원 미만자	2천4백만원 이상자	2천4백만원 미만자

'아, 연간 수입금액이 2천 4백만 원이 넘어가면 단순경비율 적용이 안 되겠구나. 내 경우 작년에 임대료 렌트프리를 줬던 것이 신의 한 수였구나! 아니었으면 수입금액이 2천 4백만 원이 넘게되어 다음해부터는 단순경비율 적용을 못 받을 뻔했네. 그런데 지난번 분양받은 경기도 애플 지식산업센터의 임대가 시작되면 연간 총 수입금액이 2천 4백만 원이 넘어가게 될 테니 단순경비율 적용은 못 받게 되겠네, 그때부터는 무조건 간편장부로 신고해야 되겠구나.'

'임대소득이 있을 때와 없을 때의 종합소득세 세금 차이는 얼마나 나는 것인지도 한번 계산해 봐야겠다. 아래에 내 소득으로 계산해 보자.'

구 분	임대소득 있음 (기장신고)	임대소득 없음	비고
총 급여(근로소득)	60,000,000	60,000,000	
근로소득공제	12,750,000	12,750,000	
근로소득금액(A)	47,250,000	47,250,000	
임대소득	20,000,000	0	
필요경비 (이자비용 등)	12,000,000	0	
임대소득금액(B)	**8,000,000**	0	
종합소득금액(A)+(B)	55,250,000	47,250,000	
종합소득공제 합계	13,000,000	13,000,000	
(인적공제)	3,000,000	3,000,000	
(기타&특별공제)	10,000,000	10,000,000	
과세표준	42,250,000	34,250,000	
산출세액(15%)	5,257,500	4,057,500	
세액공제	800,000	800,000	
			차액(16.5%)
차감납부세액	4,457,500	3,257,500	1,200,000 (15%)
지방소득세	445,750	325,750	120,000 (1.5%)
총 납부세액	4,903,250	3,583,250	1,320,000

'계산해 보니 종합소득세율이 적용되는 최고세율 구간에 임대소득금액이 적용받게 되는구나. 나 같은 경우에는 종합소득세율 최고세율 구간이 15%에 걸리니까, 임대소득금액이 발생했을 때 임대소득금액 800만원이 15% 구간에 걸려서 800만 원의 15%인 120만 원이 종합소득세로 추가 발생하는 것이고, 거기에 10%인 지방세 12만 원이 발생하여 총 132만 원의 추가 세금이 발생하게 되는군!'

'혹시 나랑 급여가 다른 사람들은 어떻게 되는지 한번 계산해 볼까? 지난번에 연말 정산한 직원들의 제출 자료들을 보고 적용해 볼까? 먼저 씩씩한 운영팀의 고 대리부터 계산해 보자.'

(참고로 한 과장은 회사 인사팀장이라 모든 직원의 급여자료를 가지고 있었다.)

[고 대리: 총 급여 4천만 원 / 임대소득 2천만 원(가정)]

(단위 : 원)

구 분	임대소득 있음 (기장신고)	임대소득 없음	비고
총 급여(근로소득)	40,000,000	40,000,000	
근로소득공제	11,250,000	11,250,000	
근로소득금액(A)	28,750,000	28,750,000	
임대소득	20,000,000	0	
필요경비 (이자비용 등)	12,000,000	0	
임대소득금액(B)	8,000,000	0	
종합소득금액(A)+(B)	36,750,000	28,750,000	
종합소득공제 합계	10,000,000	10,000,000	
(인적공제)	3,000,000	3,000,000	
(기타&특별공제)	7,000,000	7,000,000	
과세표준	26,750,000	18,750,000	

산출세액(15%)	2,932,500	1,732,500	
세액공제	600,000	600,000	
			차액(16.5%)
차감납부세액	2,332,500	1,132,500	1,200,000 (15%)
지방소득세	233,250	113,250	120,000 (1.5%)
총 납부세액	2,565,750	1,245,750	1,320,000

'고 대리도 역시 적용되는 종합소득세율 최고세율이 15%가 되니 임대소득이 추가되었을 때 15%를 적용받으면 나랑 똑같구나. 그러면 나보다 총 급여가 더 높은 부장님과 이사님 자료를 가지고 시뮬레이션을 해봐야겠다. 먼저 개발팀의 최강 얼굴 동안, 백 부장님.'

[백 부장님: 총 급여 1억 원 / 임대소득 2천만 원(가정)]

(단위 : 원)

구 분	임대소득 있음	임대소득 없음	비고
총 급여(근로소득)	100,000,000	100,000,000	
근로소득공제	14,750,000	14,750,000	
근로소득금액(A)	85,250,000	85,250,000	
임대소득	20,000,000	0	
필요경비 (이자비용 등)	12,000,000	0	
임대소득금액(B)	8,000,000	0	
종합소득금액(A)+(B)	93,250,000	85,250,000	
종합소득공제 합계	19,500,000	19,500,000	

(인적공제)	4,500,000	4,500,000	
(기타&특별공제)	15,000,000	15,000,000	
과세표준	73,750,000	65,750,000	
산출세액(24%)	12,480,000	10,560,000	
세액공제	1,000,000	1,000,000	
			차액(26.4%)
차감납부세액	11,480,000	9,560,000	1,920,000 (24%)
지방소득세	1,148,000	956,000	192,000 (2.4%)
총 납부세액	12,628,000	10,516,000	2,112,000

'백 부장님은 적용받는 종합소득세율 중 최고세율이 24%가 되니 추가되는 임대소득도 24%를 적용받는군. 그 차액은 임대소득금액 800만원의 24%인 192만원이 되는구나. 마지막으로는 자칭 천재인 김 이사님.'

[김이사님: 총 급여 1억 5천만 원 / 임대소득 2천만 원(가정)]

(단위 : 원)

구 분	임대소득 있음	임대소득 없음	비고
근로소득	150,000,000	150,000,000	
근로소득공제	15,750,000	15,750,000	
근로소득금액(A)	134,250,000	134,250,000	
임대소득	20,000,000		
필요경비 (이자비용등)	12,000,000		
임대소득금액(B)	8,000,000		

	142,250,000	134,250,000	
종합소득금액(A)+(B)	142,250,000	134,250,000	
종합소득공제 합계	23,000,000	23,000,000	
(인적공제)	6,000,000	6,000,000	
(기타&특별공제)	17,000,000	17,000,000	
과세표준	119,250,000	111,250,000	
산출세액(35%)	26,837,500	24,037,500	
세액공제	1,200,000	1,200,000	
			차액(38.5%)
차감납부세액	25,637,500	22,837,500	2,800,000 (35%)
지방소득세	2,563,750	2,283,750	280,000 (3.5%)
총 납부세액	28,201,250	25,121,250	3,080,000

'김 이사님도 종합소득세율 적용받는 최고세율 35%가 임대소득금액에 적용되는 군. 당연히 그 차액도 임대소득금액 800만 원의 35%인 280만 원이 되겠구나.'

'지금까지 계산한 것들을 살펴보면 총 임대수입에서 이자 비용, 세금 및 공과금 등 각종 비용을 제외한 순 임대소득을 먼저 구하고 거기에 본인이 적용받는 종합 소득세율 최고 높은 구간으로 임대소득금액을 곱한 금액이 추가 차감 납부세액 으로 부과되는 것이네. 간단히 말해서 '수입 − 비용 = 임대수익'인데 여기서 추 가로 발생한 임대수익이 본인의 종합소득세 최고세율 구간에 얹혀질 수밖에 없 기 때문에 아무리 세율 구간이 높다고 하더라도 순 임대수익의 절반 이상은 가지 고 갈 수 있겠구나. 왜냐하면 소득세 최고세율은 지방세 포함하여 49.5%(과표 10억 원 초과 시)라 추가로 임대소득금액이 발생하더라도 순 임대소득(수입 −

비용)에서 49.5% 이상은 세금으로 발생할 수 없는 구조라 아무리 못해도 절반 이상은 가져갈 수 있겠네. 요즘 주택 양도소득세 중과세율로 세금 부과하는 것에 비하면 양호한 편인 것 같은데? 그리고 주의할 점이 부동산임대소득과 사업소득 등 총 수입금액 합계가 7천 5백만 원이 넘어가게 되면 복식부기 의무가 생기게 되는데, 복식부기 의무자가 되면 종합소득세 신고가 까다로워지니 총 수입금액이 7천 5백만 원 근처가 되었다면, 수입금액을 잘 조절해서 7천 5백만 원이 되지 않도록 관리하는 것도 필요할 것 같네. 복식부기 기장이 간편장부에 비하여 어렵고 까다롭기는 하지만 공부만 한다면 불가능한 것은 아니겠지?'

'대부분 복식부기 의무자들은 세무 대리인에게 맡기고 있는 것이 일반적이라고들 하는데, 아무래도 맡기면 다 돈이겠지? 단순경비율과 기준경비율 같은 추계신고나 간편장부 기장의무면 셀프신고가 가능할 것 같으니 내가 한번 신고해 봐야겠다. 인터넷을 찾아보니 세무 대리인을 통하여 종합소득세를 신고하면 신고유형에 따라 약 10~50만 원 정도의 수수료가 들어간다고 하는데, 이번에 내가 셀프로 신고하면 대강 수수료 평균 25만 원 정도를 절약하게 되는 것인가? 그래, 좋았어. 이번에 내가 공부한 것들과 종합소득세 셀프 신고 방법들을 지산투 카페에 올려야겠다. 지산투 카페에서 그동안 받은 은혜를 조금이나마 갚아야지!'

한 과장은 스스로 종합소득세를 신고한 과정을 지산투 카페에 포스팅했다.

글 제목 : 홈택스로 종합소득세 셀프 신고 성공기^^

이번에 종합소득세 셀프 신고를 처음으로 도전해 봤습니다. 그 기념으로 카페에 포스팅합니다!

종합소득세 신고 시 가장 많이 해당하는 직장인이면서 부동산임대소득이 있는 분들 케이스로 한정하였으니 셀프로 신고하실 분들은 신고방법만 참고만 해주세요.

[근로소득 + 부동산임대업(간편장부 작성자)]

❶ 아래의 홈택스 홈페이지의 내비게이션 바를 누르면 아래 메뉴에서 신고
서 작성 메뉴로 들어갈 수 있네요.

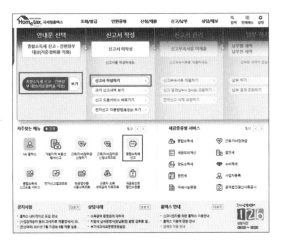

그전에 신고 도움 서비스에서 수입금액 캡처나 메모해 두시는 것 잊지 마시
고요!

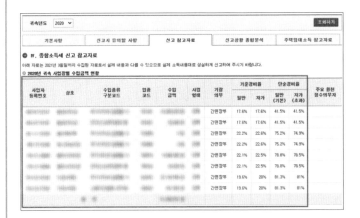

처음은 신고인 기본사항과 소득 종류 선택, 사업소득 기본사항을 입력합니다.

아래와 같이 주민등록번호 옆의 [조회] 버튼을 누르고 '연락처'를 입력한 후
기장의무를 '간편장부대상자'로 선택하고 소득 종류에서 '부동산임대업의 사

업소득'과 '근로소득'을 체크합니다. ('나의 소득종류 찾기' 버튼을 클릭해서 체크하셔도 됩니다.)

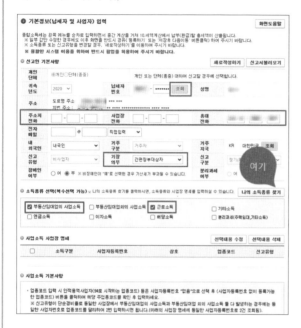

그리고 아래와 같이 사업소득 기본사항의 내용을 입력합니다. 초록색 박스의 사업자등록번호를 참조하여 빨간색 박스의 내용을 입력합니다.

업종코드는 사업자등록증상의 업종코드가 자동으로 입력되어 있는데 혹시 업종이 다르다면 업종코드를 수기로 입력합니다. [부동산 임대업 코드(지식산업센터) : 701203]

업태 및 종목을 확인하고 기장의무 부분에 '간편장부대상자'를 선택하고 신고유형에 '간편장부'를 선택하고 [등록하기] 버튼을 클릭합니다. (혹시 단순경비율 대상자의 경우 단순경비율 공제금액이 더 큰 경우 단순경비율로 선택하시고, 또 혹시라도 대출금액이 적어서 이자 비용 금액보다 기준경비율 공제금액이 더 크다면 기준경비율로 선택하시기 바랍니다. 저는 기준경비율보다 이자 비용 금액이 더 큰 분들이 많을 것으로 생각하여 간편장부로 선택하였습니다.)

각 사업자별로 [등록하기] 버튼을 클릭하면 아래 초록색 박스와 같이 각 사업자별로 소득 구분 '30' 신고유형 '20' 숫자가 들어가 있는 것을 확인하고 [저장 후 다음이동] 버튼을 클릭합니다.

❷ 총수입금액 및 필요경비계산 명세서 작성 차례입니다. 여기서는 간편장
   부로 작성한 금액을 계정별로 숫자만 입력해 줍니다.

간편장부는 대강 아래와 같이 엑셀이나 한글로 작성하고 소득세 확정 기간
이 지난 후로부터 5년간 보관하여야 합니다.

① 일자		② 계정과목	③ 거래내용	④ 거래처	⑤수입(매출)		⑥비용 (원가관련 매입포함)		⑦고정자산 증감(매매)		⑧비고
					금액	부가세	금액	부가세	금액	부가세	
7	31	임대료 수입	7월분 임대료 수입	㈜원천징수	1,500,000	150,000					세계
7	31	이자비용	기업운전자금대출	수협(종로점)			110,625				영
7	31	이자비용	기업시설일반자금대출	수협(종로점)			470,081				영
7	16	세금과 공과금	재산세(건물분)	춘천시청			235,000				카드동
8	31	임대료 수입	8월분 임대료 수입	㈜원천징수	1,500,000	150,000					세계
8	31	이자비용	기업운전자금대출	수협(종로점)			110,625				영
8	31	이자비용	기업시설일반자금대출	수협(종로점)			470,081				영
9	31	임대료 수입	9월분 임대료 수입	㈜원천징수	1,500,000	150,000					세계
9	20	세금과 공과금	재산세(토지분)	춘천시청			196,000				카드동
10	31	임대료 수입	10월분 임대료 수입	㈜원천징수	1,500,000	150,000					세계
10	5	이자비용	기업운전자금대출	수협(종로점)			107,057				영
10	5	이자비용	기업시설일반자금대출	수협(종로점)			454,918				영
11	31	임대료 수입	11월분 임대료 수입	㈜원천징수	1,500,000	150,000					세계
11	2	이자비용	기업운전자금대출	수협(종로점)			110,625				영
11	2	이자비용	기업시설일반자금대출	수협(종로점)			470,081				영
11	30	이자비용	기업운전자금대출	수협(종로점)			107,057				영
11	30	이자비용	기업시설일반자금대출	수협(종로점)			454,918				영
12	31	임대료 수입	12월분 임대료 수입	㈜원천징수	1,500,000	150,000					세계
12	31	이자비용	기업운전자금대출	수협(종로점)			110,625				영
12	31	이자비용	기업시설일반자금대출	수협(종로점)			470,081				영
12	31	잡이익	전자신고세액공제	춘천세무서	20,000						영
				합계	9,020,000	900,000	5,582,430				
		이자비용					5,151,430				
		세금과 공과금					431,000				

간편장부를 각 임대사업자별로 다 작성하고 나면 각 사업자별로 홈택스 '총
수입금액 및 필요경비계산 명세서'에 2020년 한 해 동안의 수입금액 합계와
비용합계 금액을 아래와 같이 계정별로 입력하고 [등록하기] → [저장 후 다
음이동] 버튼을 클릭합니다.

❸ 간편장부 소득금액계산서 차례인데, 아마도 대부분 해당 사항이 없을 겁니다. 사업자별로 [등록하기] → [저장 후 다음이동]을 클릭하고 넘어갑니다.

다음은 '사업소득 원천징수 명세서' 작성인데, 여기는 부동산임대소득 외의 사업소득이 있는 분들이 2020년 한 해 동안의 사업소득에 대하여 원천징수한 금액을 불러와 반영하는 곳입니다. 부동산임대소득 외의 사업소득이 없는 분들은 그냥 [저장 후 다음이동] 버튼을 클릭합니다.
(만약 아래 파란색 박스 안의 버튼이 활성화되어 있다면 클릭하여 불러오기 한 후에 [저장 후 다음이동] 버튼을 클릭합니다.)

❹ 다음은 근로소득, 연금, 기타소득을 입력할 차례입니다. 각자 소속된 회사에서 연말정산 시 제출한 지급명세서를 자동으로 끌어오기 때문에 따로 입력할 것은 없습니다. [선택완료] → [위 내용대로 적용하기] → [저장 후 다음이동] 버튼을 클릭합니다.

다음은 결손금 입력 메뉴인데, 결손금이 있다면 여기에 입력하면 됩니다.
(부동산임대업에서 발생한 결손금은 다음 연도 부동산임대업의 사업소득
에서만 공제됩니다.)

없으면 여기도 그냥 [저장 후 다음이동] 버튼을 누르고 넘어갑니다.

❺ 다음은 소득공제명세서를 작성할 차례입니다. 여기서도 회사에서 연말정산 시 제출한 지급명세서를 자동으로 끌어오기 때문에 따로 입력할 것은 없습니다.

(혹시 회사에서 진행한 연말정산 때 누락한 항목이 있다면 여기서 추가 입력할 수 있습니다.)

아래와 같이 공제 선택을 체크하고 [위 내용대로 적용하기] → [저장 후 다음이동] 버튼을 클릭합니다.

다음부터 나오는 '기부금 명세서' → '세액공제, 감면, 준비금' → '가산세 명세서' → '세액계산' 부분은 쭉쭉 넘어가시면 됩니다.
(아마 대부분 해당 사항이 없거나 이미 자동으로 숫자들이 입력되어 있을 것입니다.)

마지막으로 '신고서 제출' 메뉴에서는 최종 납부할 금액을 확인하고 아래 동의하는 부분에 체크하고 [신고서 작성완료] 버튼을 클릭합니다. 입력이 잘되었으면 그대로 '신고서 제출' 화면으로 넘어가고, 아니라면 오류나 경고화면이 뜹니다.

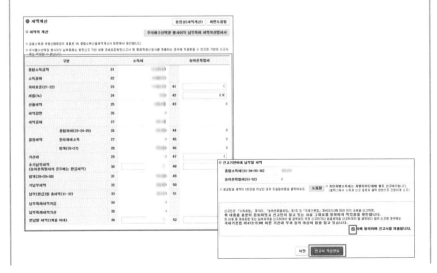

저도 오류가 떴네요. 오류내역을 잘 읽어보시고, 짜증내지 말고 신고 입력 내역을 천천히 돌아보기를 바랍니다,

저 같은 경우에는 사업자가 2개인데, 사업소득명세서를 1개만 입력해서 오류가 떴네요. (귀찮아서 1개는 숫자 입력 안 하고 건너뛰었더니 오류가 떴네요.)

오류를 해결한 후 최종으로 개인정보 제공 동의를 하고 [신고서 제출하기] 버튼을 클릭하면 신고가 끝납니다.

지방세 신고도 해야 하는데 이후 과정은 아래 포스팅 글을 참고해 주세요!

글 제목 : 홈택스로 2020년 귀속 종합소득세 셀프 신고하기 (신고 안내유형이 F, G인 경우) - 단순경비율(https://cafe.naver.com/jisantu/20827)

그리고 그 외 다른 셀프 세금 신고 관련 내용은 모두 지산투 카페(https://cafe.naver.com/jisantu)에 있으니 필요하신 분들은 참고하세요!

한 과장은 주말 동안 본인의 종합소득세 신고도 하고, 지산투 카페에 종합소득세 셀프 신고 방법 포스팅까지 해서 스스로 뿌듯해 하며 남은 주말을 가족들과 즐겁게 보낼 수 있었다.

• 친구 따라 강남 가다! 〈취득세 감면〉

주말을 잘 지냈으나 다시 월요일이 되자 직장인 대부분이 그렇듯 한 과장도 무거운 몸으로 출근했다. 오전 업무를 하고 점심시간이 가까워졌을 때 지난번에 서울에서 사업을 하는 친구에게 전화가 왔다.

지금 사무실을 월세 내면서 쓰고 있는데 매달 월세 내는 것이 아까워서 한 과장이 전에 말한 지식산업센터를 분양받아 직접 들어가고 싶다는 것이었다.

한 과장은 친구에게 지산투에 대해 설명을 하고 연결해 주었다. 얼마 후 친구로부터 연락이 왔다.

― 친구 : "야! 나 얼마 전에 지산투 통해서 가산디지털단지에 지식산업센터 하나 분양받기로 했어."

― 한과장 : "오! 그래? 축하한다. 어디 지산 받았는데?"

― 친구 : "가산디지털단지에 있는 테슬라 지식산업센터라고 하는데, 역세권은 아니지만 화물 차량들이 출입하고 나가기에 좋은 위치인 것 같아서 거기로 결정했어."

― 한과장 : "잘됐네! 앞으로 월세 내지 않고 편하게 사업만 잘하면 되겠네."

- 친구 : "그래. 진작 이렇게 할 것을 그랬어. 괜히 그동안 월세만 내고 말이야. 나중에 한턱낼 테니 곧 보자고."

친구의 전화를 끊고 얼마 후 지산투에서 연락이 왔다.

- 아파왕 : "한 과장님. 안녕하세요? 친구분 소개해 주셔서 감사합니다."

- 한과장 : "아닙니다. 친구에게 딱 필요한 곳을 소개해 주셔서 제가 더 감사하죠. 그렇지 않아도 아까 친구에게 연락 왔는데 엄청 좋아하더라고요."

- 아파왕 : "친구분께서 마음에 들어 하신다니 정말 다행입니다. 친구분께서는 법인을 설립한 지 5년 미만일지라도 산업단지 내에서 분양한 신규단지라 취득세 중과 적용도 받지 않아도 되고, 오히려 실입주자시니 취득세 감면을 받아 취득세로 2.3%만 납부하시면 될 것 같습니다."

- 한과장 : "아! 친구 법인이 설립된 지 5년 미만이라 취득세가 중과된다는 것을 깜빡했었네요. 그래서 산업단지 내의 지식산업센터를 소개해 주신 것이었군요. 그런 부분까지도 챙겨주셔서 감사합니다."

이렇게 한 과장의 친구도 본인 소유의 지식산업센터에서 사업을 할 수 있게 되었다.

• **첫 월세의 기쁨을 안겨준 영등포 지식산업센터를 떠나보내다 〈양도소득세〉**

한 과장은 무주택자이다. 지식산업센터는 분양권을 포함하여 2개를 취득했지만, 아직 내 집은 마련하지 못한 상태였다. 항상 내 집 마련의 꿈을 가지고 있었지만, 월급보다 더 빠르게 상승하는 집값을 도저히 따라잡을 수 없었다.

하지만 예전에 매수한 영등포의 아마존 지식산업센터의 가격이 많이 올라서 지금 매도하고 전세금과 주택담보대출을 받아서 자금을 만든다면, 서울은 아니지만 남양주에 내 집 마련도 하고 조만간 준공될 경기도 애플 지식산업센터의 잔금도 해결할 수 있는 자금이 되는 것이었다. 게다가 남은 여유자금으로 지식산업센터 분양권도 1개 더 계약할 수도 있다는 계산이 나왔다.

그래서 한 과장은 이참에 내 집도 마련하고 곧 준공될 지식산업센터의 잔금, 그리고 새로운 지식산업센터 분양권 추가 취득을 위해 영등포의 지식산업센터를 매도하기로 했다. 임차인이 그대로 있는 상태로 취득한 지 3년 조금 지나서 8억 원에 매도하였다.

영등포의 아마존 지식산업센터를 매도하여 계획대로 남양주에 집을 마련하고 지식산업센터 분양권도 1개 더 추가 취득하였다. 이제 경기도 애플 지식산업센터의 잔금만을 기다리고 있는 상태였다. 정신없이 모든 일들이 정리되고 나니 그제서야 양도소득세 신고를 해야 한다는 공인중개사의 말이 생각났다.

'양도소득세 신고는 한 번도 해본 적이 없는데….'

하지만 지금까지 복잡할 것 같던 세금 신고도 열심히 공부하고 주변에 물어서 혼자 해결한 한 과장은 양도소득세를 신고하는 것도 겁내지 않았다.

이번에도 역시 양도소득세에 관해 공부하여 스스로 신고해 보기로 마음먹은 한 과장은 서재에 앉아 양도소득세에 대한 이론부터 공부를 시작하고 아래와 같이 메모를 시작했다.

양도소득세는 토지·건물 등 '소득세법'에 열거된 국내 및 국외 자산의 일시적 양도로 인하여 발생하는 양도소득을 과세 대상으로 한다. 곧 자산을 매도할 때 차익이 생겼다면 이에 대하여 양도소득세를 신고·납부하여야 한다.

지식산업센터도 양도차익이 생겼을 때 양도소득세를 신고하고 납부하여야 할 의무가 있고 준공 전 분양권 상태에서의 전매에서도 양도차익이 생겼다면 역시 양도소득세 신고를 해야 한다.

(만약 법인사업자라면 양도소득세가 아닌 법인세 신고할 때 수익으로 계상한다.)

하지만 지식산업센터의 양도소득세 계산은 주택처럼 복잡하지 않고 간단하다.

주택의 경우 보유기간, 거주기간 등을 따져서 1주택 비과세 여부를 따져봐야 하는데 지식산업센터의 경우 비과세 제도가 없기 때문에 비과세를 따져보지 않아도 되고 주택처럼 주택 수에 따라 중과세율을 매기는 것도 없다.

이 두 가지 검토하는 과정만 없어도 양도소득세 계산이 간단해지는데….

그 외 나머지는 주택 양도소득세 계산구조와 동일하게 장기보유특별공제도 있고 기본공제도 가능하다.

[지식산업센터 양도소득세 계산구조]

구 분	비 고
(+)양도가액	양도당시 실지거래가액
(−)취득가액	취득당시 실지거래가액(취득세 포함)
(−)필요경비	자본적지출액, 취득&양도시 중개보수, 법무사비용 등
양도차익	양도가액 − 취득가액 − 필요경비
(−)장기보유 특별공제	장기보유특별공제율(2021.1.1. ~) 3년이상4년미만: 6%, 4년이상5년미만: 8%, 5년이상6년미만: 10%, 6년이상7년미만: 12%, 7년이상8년미만: 14%, 8년이상9년미만: 16%, 9년이상10년미만: 18%, 10년이상11년미만: 20%, 11년이상12년미만: 22%, 12년이상13년미만: 24%, 13년이상14년미만: 26%, 14년이상15년미만: 28%, 15년이상: 30%
양도소득 금액	양도차익 − 장기보유특별공제
(−)감면대상 소득금액	조세특례제한법에서 규정한 경우
(−)양도소득 기본공제	250만원 (미등기 양도자산은 적용 배제)
양도소득 과세표준	양도소득금액 − (감면대상소득금액 + 양도소득기본공제)
(X)세율	양도소득세율표 (아래참조)
산출세액	양도소득과세표준 × 세율
(−)세액공제, 감면세액	전자신고세액공제, 외국납부세액공제와 조세특례제한법 상 감면세액
자진납부할 세액	산출세액 − (세액공제 + 감면세액)

장기보유특별공제 세부표:

구분	3년이상4년미만	4년이상5년미만	5년이상6년미만	6년이상7년미만	7년이상8년미만	8년이상9년미만	9년이상10년미만	10년이상11년미만	11년이상12년미만	12년이상13년미만	13년이상14년미만	14년이상15년미만	15년이상
공제율	6%	8%	10%	12%	14%	16%	18%	20%	22%	24%	26%	28%	30%

[주택외 양도소득세율]

자 산	구 분		적용 세율	비 고
건물, 토지	보유기간	1년 미만	50%	
		2년 미만	40%	
		2년 이상	기본세율	

[양도소득세 기본세율]

과 세 표 준	세 율	누진공제	비 고
0원~1,200만원 이하	6%	0원	
1,200만원 초과~4,600만원 이하	15%	108만원	
4,600만 초과~8,800만원 이하	24%	522만원	
8,800만원 초과~1.5억원 이하	35%	1,490만원	
1.5억원 초과~3억원 이하	38%	1,940만원	
3억원 초과~5억원 이하	40%	2,540만원	
5억원 초과~10억원 이하	42%	3,540만원	
10억원 초과	45%	6,540만원	2021년 신설

'일단 이론적인 부분들은 정리가 되었으니 본격적으로 내가 매도한 영등포 지산의 양도소득세를 계산해 볼까?'

(단위 : 원)

구 분	금 액	비 고
(+)양도가액	800,000,000	실거래가액
(-)취득가액	523,000,000	취득세 포함
(-)필요경비	6,000,000	중개보수, 법무사비용 등
양도차익	271,000,000	
(-)장기보유특별공제	16,260,000	만 3년 보유(장특공 6%적용)
양도소득금액	254,740,000	
(-)감면대상소득금액	0	
(-)양도소득기본공제	2,500,000	
양도소득과세표준	252,240,000	
(X)세율	38%	
산출세액	76,451,200	
(-)세액공제,감면세액	20,000	전자신고세액공제
자진납부할세액	76,431,200	지방소득세 별도 10%

'오래 보유하지 못해 양도소득세가 많이 나왔는데도 3년 동안 월세 수입으로 벌어들인 수익도 약 3천 6백만 원 정도 되니까 3년 동안 영등포 아마존 지식산업센터의 수익을 계산해 보면 나쁘지 않았네. 덕분에 내 집 마련도 할 수 있게 되었고 말이야. 월급만 모았다면 3년 동안에 어림도 없을 만한 수익임은 틀림없지!'

[한 과장의 3년간의 순수익]

구 분	금 액	비 고
순 임대수익	(+) 36,000,000	(임대료 − 이자비용 등)
양도차익	(+) 271,000,000	
재산세, 교통유발부담금 등	(−) 4,500,000	
양도소득세	(−) 84,074,320	지방소득세 포함
순수익	218,425,680	

서울이나 수도권 아파트 투자에 비하면 상대적으로 적은 수익이지만, 지식산업센터 투자는 초기 투자 비용도 적게 들어가고 임대료를 받기 때문에 이자 비용에 대한 부담도 적고, 매월 현금 창출이 가능하다는 점에서 장점이 있다. 그리고 수익도 수익이지만 시세차익도 기대할 수 있는 좋은 부동산이다.

지금도 한 과장은 지식산업센터 2호기, 3호기를 계속 늘려가며 점점 경제적 자유에 가까워지고 있다.

구 분	일 정	비 고
월별 지식산업센터 관련 세무 일정		
1월	− 2기 확정 부가가치세 신고&납부(7~12월분)	
2월		
3월		
4월	− 부가가치세 예정고지 납부	
5월	− 종합소득세 신고&납부 − 양도소득세 확정신고 납부(해당시)	
6월		

7월	– 건물분 재산세 납부 – 1기 확정 부가가치세 신고&납부(1~6월분)	
8월		
9월	– 토지분 재산세 납부	
10월	– 교통유발부담금 납부 – 부가가치세 예정고지 납부	
11월	– 소득세 중간예납 고지 납부 또는 신고 납부	
12월		

PART 04

지식산업센터
분석편

CHAPTER 01 지식산업센터 투자 시 고려해야 할 사항

지식산업센터 투자처를 선택할 때 고려해야 할 사항들을 몇 가지 정리해 본다.

1 입지

도로교통망, 업무단지 클러스터 형성, 상권, 뉴타운, 유동인구나 상주인구가 많은 지 등 지식산업센터의 입지를 고려해야 한다. 이를 종합적으로 분석하기에는 초보 투자자들은 무리가 있고 클러스터 등에 대하여는 뒷장에 따로 분석해 놓겠다.

가장 쉽게 이해할 수 있는 것은 바로 '역세권'이다.

지식산업센터에 투자할 때는 투자자가 아닌 기업의 오너 입장에서 생각을 해야 한다.

기업의 오너 입장에서는 직원들 출, 퇴근 편의성이 중요하기 때문에, 업무형 오피스 호실은 역세권인 것이 중요하다. 반면, 드라이브인 호실은 물류 이동이 더 중요하기 때문에, 업무형 오피스 호실만큼 역세권인 것이 중요하지 않다.

비역세권에 투자하려면 비역세권의 단점을 커버할 수 있는 다른 장점(예: 한강 조망)이 있다면 비역세권에 투자해도 괜찮겠지만, 기본적으로 업무형 오피스 호실은 역세권에 투자해야 한다.

160 실전 지식산업센터

2 연면적

연면적이 1만 평 이하로 작은 경우, 대부분 1군 시공사가 참여하지 않는 경향이 있다. 반면 연면적이 큰 지식산업센터들을 보면 현대나 SK건설 등 1군 시공사의 브랜드로 나오는 경향이 많다.

연면적이 크면 관리비도 저렴하게 나오고, 연면적이 작으면 상대적으로 관리비도 비싸게 나오는 편이다.

그리고 연면적이 클수록 각종 편의시설 및 문화시설, 커뮤니티 시설 등이 많이 들어올 수 있어서 좋고, 넓은 주차공간 확보에도 유리하다. 물론, 연면적이 무조건 크면 클수록 좋다는 것은 아니다. 단점도 있기는 하다.

앞에 1장에서 언급했듯이 연면적이 크면 호실 개수가 많아서 입주가 다 찰 때까지 시간이 걸리고 공실 리스크가 높을 수 있다.

3 로얄 호실

분양기준으로 봤을 때 아파트는 추첨이지만 지식산업센터는 선착순으로 호실이 배정되는 편이다. 그래서 분양 초기에 임차인들이 선호할 만한 호실을 선택하는 것이 중요하고 임차인들이 비선호할 만한 호실은 피하는 것이 좋다.

필자가 초보 투자자인 시절에 도면 보는 법도 몰랐고, 분양직원의 호실 추천도 없고 도면에서 알아서 고르게 한 적이 있었다. 그야말로 도면상의 아무 호실이나 찍어서 투자한 것이다. 투자한 후 나중에 알고 보니 철길 뒤편 호실이어서 임차인들이 사무실 보러 왔다가 소음 때문에 꺼리고 되돌아선 기억이 있다.

기본적으로는 코너 호실이 좋다. 코너 호실은 누구나 선호하기 때문에 코너 호실 한 칸만 단독으로 분양받을 수 있는 경우는 매우 드물고, 코너 호실과 그 옆 호실까지 묶어서 분양받아야 하므로 금액적으로 부담을 느끼는 경우도 많다.

이런 경우, 코너 호실을 1+1으로 묶어 지인과 공동으로 한 칸씩 나눠서 투자하는 것도 방법이다. 꼭 한 명이 2칸을 사야 한다는 법은 없다.

④ 임대수익률

아파트는 투자 목적으로 봤을 때는 시세차익형이고, 지식산업센터는 수익형 부동산이다. 그래서 시세차익형인 아파트는 임대수익률 계산을 할 필요가 없지만, 수익형 부동산인 지식산업센터의 투자에 있어 임대수익률 계산은 필수다.

그런데 요즘 아파트에 투자하던 투자자들이 정부의 주택규제 때문에 지식산업센터 쪽으로 몰리고 있는데, 아파트에 투자하던 것처럼 수익률 분석을 전혀 안 하는 투자자들이 많다.

1장 '지식산업센터 이론편'에서 언급했듯이, 지식산업센터는 수익률이 매우 높게 나오는 편이라서, 적은 투자금으로 은퇴 후 노후에 안정적인 월세 흐름을 만들 수 있는 게 최대 장점이라고 생각한다.

지식산업센터 투자자들을 보면 실 투자금액이 1억~5억 사이가 많다.

그럼 이 한정된 투자금을 가지고 순월세 임대소득을 최대한 높이는 것이 중요한데, 수익률이 잘 나오면 실투자금 5억 이하로도 순월세 임대소득을 500만 원 이상 만들 수 있다. 반면 수익률이 좋지 않으면 실투자금 10억 이상으로도 순월세 임대소득 500만 원도 못 만들 수 있다.

환금성 차원에서도 수익률은 중요하다. 높은 임대수익률이 나오는 물건을 보유하고 임대사업을 하고 있다가 만약 급전이 필요하여 매도하기로 마음먹는다면 어떻게 해야 할까? 매도하기로 마음만 먹으면 언제든지 매도를 할 수 있다. 수익률이 좋은 상태로 임대차가 맞추어져 있으니, 매수하고 싶어 하는 투자자들이 줄을 서 있을 것이다.

반면 수익률이 나쁘다면 어떻게 될까? 환금성은 그만큼 떨어질 것이다.

아래와 같이 두 가지의 극단적인 예를 들어보겠다.

첫 번째는 필자가 보유하고 있는 지식산업센터들 중 수익률이 가장 높은 경기도에 있는 지식산업센터이다. 물론 지금은 이런 수익률은 불가능하다.

- 매매가 : 470,000,000원
- 임대보증금 / 월세 : 30,000,000원 / 2,700,000원
- 취득세 : 21,620,000원
- 중개수수료 : 4,230,000원

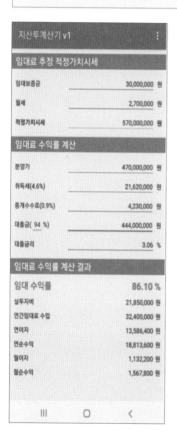

실제 지금도 필자가 보유하고 있는 지식산업센터의 수익률이다. 실투자금 약 2,100여만 원으로 매달 대출 이자를 제외한 순월세 임대소득이 매월 약 150여만 원이다. 이미 실투자금은 모두 회수되었고, 시세차익까지 나 있는 상황이다. 이

물건은 필자가 매도하려고 마음만 먹으면 하루 안에 팔 수 있다.

두 번째는 가상의 시나리오이다.

- 분양면적 : 30평(전용면적 : 15평)
- 분양공급가 : 600,000,000원(평당: 20,000,000원)
- 임대보증금 /월세 : 15,000,000원/1,500,000원(평당 임대료: 50,000원)
- 대출한도 / 금리 : 80% / 3%

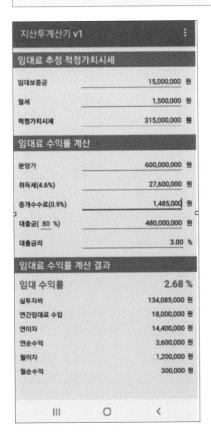

80% 대출을 받아 투자했을 때 2.68%의 수익률이다. 그런데 만약 대출금리가 3% 후반대로 올라간다면 어떻게 될까?

지산투계산기 v1	
임대료 추정 적정가치시세	
임대보증금	15,000,000 원
월세	1,500,000 원
적정가치시세	315,000,000 원
임대료 수익률 계산	
분양가	600,000,000 원
취득세(4.6%)	27,600,000 원
중개수수료(0.9%)	5,400,000 원
대출금(80 %)	480,000,000 원
대출금리	3.8 %
임대료 수익률 계산 결과	
임대 수익률	**-0.17 %**
실투자비	138,000,000 원
연간임대료 수입	18,000,000 원
연이자	18,240,000 원
연순수익	-240,000 원
월이자	1,520,000 원
월순수익	-20,000 원

위와 같이 마이너스 수익률이 된다. 즉, 임대차를 맞춘다고 해도 보유하고 있을수록 손해라는 뜻이다. 시세차익으로 만회를 해야만 하는데 마이너스 수익률이 나온다면, 지금까지처럼 시세차익이 잘 나기도 쉽지 않을 것이다. 반면 수익률이 잘 나온다면 대출금리가 상승해도 리스크는 적다.

위의 사례에서 보듯이 임대수익률이 매우 중요한데, 임대수익률 계산은 기본적으로 해보고 투자해야 한다.

임대수익률은 매매가, 보증금, 월세, 대출한도 및 금리만 입력하면 자동으로 수익률을 계산해주는 '부동산 계산기'와 같은 임대수익률 계산 앱을 이용해 쉽게 계산해 볼 수 있다. '지식산업센터 투자 커뮤니티' 카페에서 제공하는 '지산투 계산기' 앱을 내려받아 설치하여 사용해도 된다.

물론 임대수익률 이외의 시세차익도 중요하다. 최근 서울의 지식산업센터는 수익률은 안 나오지만, 시세차익은 잘 나는 '시세차익형'으로 바뀌고 있고, 경기도의 지식산업센터는 '수익형'으로 생각하면 된다. 수익형이라고 해서 시세차익이 안 나는 것은 아니다. 임대수익률이 잘 나오면 시세차익 또한 자연스럽게 따라온다.

지식산업센터 평당 임대료

임대수익률을 분석할 수 있으려면 해당 물건지의 평당 임대료를 알아야 계산할 수 있다. 가끔 전용면적당 평당 임대료로 계산을 하는 지역도 있지만, 평당 임대료라 하면 보통 분양면적당 평당 임대료를 뜻한다.

평당 임대료가 30,000원이라면, 분양면적이 46.47평인 경우

46.47평(전용면적 : 23.25평) × 평당 임대료 : 30,000원 = 월세 : 1,394,100원이 나오는데, 살짝 반올림하여 월세 : 1,400,000원으로 책정하고 계산하면 된다.

그렇다면 임차보증금 책정은 어떻게 하는 것이 일반적일까?

서울의 경우 월세 × 10을 보증금으로 책정하면 된다. 월세가 140만 원이라면 보증금은 1,400만 원이 되는 것이다. 경기도의 경우는 월세 × 10에서 임차보증금을 500만 원 단위로 끊어 계산하는 경향이 많다. 월세가 110만 원에서 140만 원 사이라면, 보증금은 1,500만 원으로 책정하고, 월세가 160만 원에서 190만 원 사이라면 보증금을 2,000만 원으로 책정하면 된다.

필자가 지식산업센터 투자자 시절에는 월세를 얼마나 받을 수 있는지 분양직원에게 물어봤다. (물론 틀리는 경우가 많았다.) 이후 분양직원으로 전업한 후에는 해당 지식산업센터 본부장이나 팀장 또는 그 지역 부동산에 물어봤다.

그런데 누군가에게 물어보는 것보다 본인이 직접 지역별 평당 임대료를 조사하고 분석하여 알아본 후 계산하는 것이 더 정확하다.

일부 분양직원들은 고객들과 상담할 때 실제 받을 수 있는 임대료보다 많이 부풀려서 과대홍보를 하는 경우도 종종 있는데, 본인이 지역별 지식산업센터 평당 임대료를 알고 계산할 줄 안다면 과대광고 및 홍보에 속지 않을 수 있다.

아래는 투자자가 한 지식산업센터 분양직원에게 받은 수익률 표다. 분양 평수 × 35,000원, 예상 수익률 : 19.14%로 실제보다 매우 높게 책정되어 있다. 실제 해당하는 분양 현장은 평당 임대료로 27,000원을 받을 수 있는 곳이다.

(평당 임대료 27,000원으로 계산하면 예상수익률이 10% 미만으로 떨어진다.)

수익률 표 (다구좌) 예시

(단위 : 원)

호실	전용면적 m²	전용면적 평	분양면적 m²	분양면적 평	분양가격 공급금액	분양가격 부가세	분양가격 총 분양금액
203	63.42	19.18	125.51	37.97	344,800,000	25,794,000	370,594,000
208	65.29	19.75	126.63	38.31	321,800,000	24,073,000	345,873,000
1009	61.61	18.64	119.51	36.15	340,300,000	25,457,000	365,757,000
합 계	190.32	57.57	371.65	112.43	1,006,900,000	75,324,000	1,082,224,000

구분	비율	금액	비고
계약금	10%	108,222,400	
중도금대출	40%	432,889,600	중도금대출 무이자
담보대출	40%	865,779,200	
잔금	10%	108,222,400	
보증금		30,000,000	
부가세환급		75,324,000	
(A)실투자금액		111,120,800	11.04%

예상 매월 임차료	평당 임대료 35,000원	3,930,000	분양평수 X 35,000원
매월 대출이자	3.00%	2,164,448	대출금 X 3.0% / 12
예상 매월 순수익		1,765,552	매월 임차료 - 매월 대출이자
(B)예상 연간순수익	매월 순수익X12개월	21,186,624	연간 임차료 - 연간 대출이자
예상수익율	(B)/(A)	19.14%	

구분	은행명	예금주	계좌번호
정계약계좌(지산)	농협은행	지산투신탁금융	1234-56-78901
정계약계좌(근생)	농협은행	지산투신탁금융	9876-54-32109

법인사업자	개인사업자
1. 법인등기부등본 1부. 2. 법인인감증명서 3부. 3. 법인인감도장. 4. 사업자등록증 사본 1부. 5. 대표이사 신분증 사본 1부.	1. 주민등록등본 1부. 2. 개인인감증명서 1부. (발급일 2개월이내) 3. 개인인감도장. 4. 신분증 사본 1부.

※ 위 수익표는 이해를 돕기 위한 예시로 개인신용도 및 대출기관, 대출여부 상황에 따라 다를 수 있습니다.

아래의 표는 지역별 지식산업센터 평당 임대료 수준을 나타낸 것이다. 물론 같은 지역에서도 입지별, 지식산업센터별로 평당 임대료가 조금씩 차이가 나기 때문에 아래의 표가 절대적으로 맞는 것은 아니다. 하지만 이 정도 수준으로 지역별 평당 임대료를 파악하면 임대수익률을 계산할 때 참조할 수 있으므로 이 정도 수준으로 많은 도움이 될 것이다.

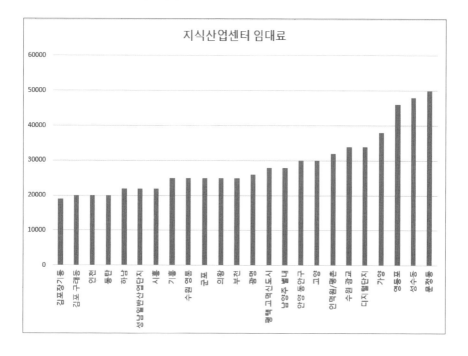

CHAPTER 03 지식산업센터 수요와 공급

모든 부동산 분야에서 수요와 공급의 법칙은 중요하다. 특히 지식산업센터에서 수요와 공급 상황을 분석하여 공실 리스크를 줄이는 것은 매우 중요하다.

필자가 초보 투자자 시절일 때 사무실로 팩스 한 장이 들어왔다. 어떤 지식산업센터를 광고하는 내용이었는데, 월세 90만 원을 받을 수 있다고 적혀 있었다. 수익률이 괜찮아 보여 2개 호실에 투자하였다.

시간이 지나고 프리미엄이 형성되었는데, 등기를 하지 않고 그냥 전매로 팔려고 그 지식산업센터 인근 부동산에 가서 현재 프리미엄 시세대로 팔아달라고 이야기했다. 그 부동산에서는 준공 시점쯤 되면 프리미엄이 더 올라갈 테니 지금 팔지 말고 조금 더 기다리라고 했다. 필자는 부동산에서 조언해 준 대로 매물을 거둬들이고 기다렸다. 그런데 결과는 처참하였다. 준공 시기가 다가올수록 프리미엄은 점차 내려갔으며 급기야 마이너스 프리미엄까지 생겼다. 결국 2개 호실 중 하나는 조금 손해를 보고 겨우 팔았고, 나머지 하나는 전매에 실패하여 등기를 한 후 임대를 내놓았다. 월세는 팩스 광고에 나온 90만 원이 아닌 60만 원에 맞추었다.

이런 현상이 일어날 수밖에 없었던 이유는 다음과 같다.

첫째, 그 지식산업센터 인근에 비슷한 시기에 동시 준공된 지식산업센터가 2개나 더 있었다. 같은 지역에서 지식산업센터 3개가 동시에 준공된 것이다.

둘째, 동시 준공된 3개 지식산업센터의 투자자 비중은 거의 80~90%였다.

이런 상황이니 잔금 납부하고 등기하는 것을 원하지 않는 투자자들의 전매 매물이 쏟아져 나와 프리미엄 시세는 떨어질 수밖에 없었고, 입주장 때 공실 기간이 오래가는 것을 원하지 않는 투자자들이 앞다투어 월세를 저렴하게 내놓아 월세 시세가 떨어질 수밖에 없었다.

나중에 생각해 보니 투자자 비중은 알 수 없다 치더라도 입주 시기가 되었을 때 주변 공급 상황은 충분히 예측 가능하였다.

그리고 투자자 비중에 대해 해당 지식산업센터 분양직원에게 물어보면 정확하게는 아니더라도 대략적인 실입주자와 투자자의 비중은 알 수 있다.

이러한 투자실패 사례를 교훈 삼아 필자는 아래와 같이 지역별로 분양 중인 지식산업센터 현황을 항상 정리해 놓고 공급 상황을 체크하고 있다.

필자가 작성하는 실제 엑셀 문서에는 평당 분양가 및 예상 평당 임대료를 기입하고 관리하고 있지만, 논란의 여지가 있을 수 있어 그 부분은 제외하였다.

1 지역별 분양 중인 지식산업센터 현황 (2021년 8월 기준)

※ '준공예정일'은 조금씩 차이가 있을 수 있으며, 하기 표에서 빠진 지식산업센터도 있을 수 있음

• 디지털단지, 금천구에 분양 중인 지식산업센터 현황

No.	건물명	준공예정일	연면적	지하철역과의 거리	비고
1	가산모비우스타워	2023년 3월	13,165평	디지털단지역 도보 8분	3단지
2	가산2차skv1	2021년 10월	20,200평	독산역 도보 3분	3단지
3	더리브스마트타워	2021년 12월	10,487평	독산역 도보 14분	3단지
4	가산한화비즈메트로2차	2021년 9월	19,182평	독산역 도보 16분	3단지
5	가산 골드타워	2021년 11월	11,003평	디지털단지역 도보 8분	3단지

6	한라 원앤원타워	2022년 7월	22,634평	디지털단지역 도보 5분	3단지
7	가산 하우스디퍼스 타타워	2021년 12월	8,000평	디지털단지역 도보 8분	3단지
8	가산 KM타워	2022년 10월	8,649평	디지털단지역 도보 7분	3단지
9	가산 YS타워	2022년 11월	4,494평	비역세권	3단지
9	DK타워	2022년 12월	26,108평	디지털단지역 도보 2분	3단지
10	어반워크	2024년 4월	46,367평	디지털단지역 도보 3분	3단지
11	가산역 반도아이 비밸리	2023년 2월	12,516평	디지털단지역 도보 3분	3단지
12	가산 YPP아르센 타워	2022년 11월	12,466평	비역세권	드라이브인 호실 있음 3단지
13	가산퍼블릭	2022년 7월	78,415평	디지털단지역 도보 7분	2단지
14	가산KS타워	2023년 3월	11,993평	디지털단지역 도보 2분	2단지
15	아티스포럼	2024년 3월	19,078평	남구로역 도보 5분	1단지
16	가산 아스크타워	2023년 하반기	23,225평	가산디지털단지역 도보 12분	2단지
17	대륭22차	2023년 2월	8,374평	가산디지털단지역 도보 1분	3단지
18	인피니움타워	2022년 6월	6,015평	금천구청역 도보 15분	신안산선 개통시 도보 5분

• 하남시에 분양 중인 지식산업센터 현황

No.	건물명	준공예정일	연면적	지하철역과의 거리	비고
1	미사강변 스카이폴리스	2022년 1월	95,570평	비역세권	미사대로변

2	미사 현대지식산업센터 3차	2022년 9월	27,825평	비역세권	미사대로변
3	미사 동일넥서스	2022년 2월	8,754평	비역세권	풍산동
4	두산 더프론트미사	2022년 7월	11,431평	비역세권	미사지구
5	현대테라타워 감일	2022년 7월	17,307평	비역세권	하남 감일지구

• 광명에 분양 중인 지식산업센터 현황

No.	건물명	준공예정일	연면적	지하철역과의 거리	비고
1	GIDC	2021년 11월	81,405평	KTX역에서 도보 약 9분	
2	광명 G타워	2022년 4월	47,314평	비역세권	
3	광명 티아모IT타워	2023년 6월	17,142평	비역세권 우체국사거리역 2030년개통되면 초역세권됨.	
4	현대테라타워 광명	2022년 12월	30,237평	비역세권 우체국사거리역 2030년개통되면 초역세권됨.	

• 영등포, 목동에 분양 중인 지식산업센터 현황

No.	건물명	준공예정일	연면적	지하철역과의 거리	비고
1	영등포 리드원	2021년 11월	10,824평	선유도역에서 도보 4분	
2	생각공장	2022년 10월	30,248평	문래역에서 도보 4분 영등포구청에서 도보 7분	
3	KLK 유원시티	2023년 2월	4,327평	영등포 시장역 도보 5분	
4	에이스NS타워	2023년 3월	10,341평	양평역 도보 5분	
5	반도 아이비밸리	2023년 8월	11,761평	영등포 시장역 도보 3분	
6	양평 자이비즈타워	2023년 2월	3,389평	양평역 도보 6분 영등포구청역 도보 7분	
7	신목동 LT삼보 지식산업센터	2023년 2월	8,123평	신목동역 도보 2분	
8	이화산업부지	?	약25,000평	당산역 도보 3분	본계약 지연중

• 수원에 분양 중인 지식산업센터 현황

No.	건물명	준공예정일	연면적	지하철역과의 거리	비고
1	영통 테크트리	2021년 11월	22,551평	매탄권선역 도보 10분	영통
2	에이스 스마트윙	2021년 12월	9,021평	비역세권	영통
3	영통 현대테라 타워	2022년 6월	29,303평	비역세권	영통
4	수원 델타원	2022년 6월	19,557평	비역세권. 고색역 도보 15분	수원산업단지
5	광교 시그니처	2022년 12월	18,000평	상현역 도보 10분	광교
6	광교 플렉스 데시앙	2023년 6월	13,542평	광교역 도보 12분	광교
7	우성테크노파크 수원정자	2023년 6월	16,666평	비역세권 북수원역예정지 도보 8분	북수원 장안구 이목동
8	광교 더 퍼스트	2023년 7월	11,535평	비역세권 원천역예정지 도보 10분	인동선 원천역 2026년 개통 예정

• 가양에 분양 중인 지식산업센터 현황

No.	건물명	준공예정일	연면적	지하철역과의 거리	비고
1	가양역 태영데시앙 플렉스	2022년 1월	14,139평	가양역 도보 6분 양천향교역 도보 10분	
2	가양 더리브아너비 즈타워	2023년 3월	9,793평	가양역 도보 3분 증미역 도보 5분	
3	마곡 롯데 놀라움	2023년 7월	9,290평	양천향교역 도보 8분	
4	마스터밸류 에이스	2023년 10월	9,249평	증미역 도보 1분	

• 성수동에 분양 중인 지식산업센터 현황

No.	건물명	준공예정일	연면적	지하철역과의 거리	비고
1	선명스퀘어	2022년 3월	7,594평	뚝섬역 도보 8분	
2	서울숲 에이원센터	2021년 11월	11,004평	뚝섬역 도보 5분	
3	성수 CF타워	2023년 3월	2,604평	성수역 도보 6분	

• 안양에 분양 중인 지식산업센터 현황

No.	건물명	준공예정일	연면적	지하철역과의 거리	비고
1	안양아이에스비즈타워센트럴	2022년 2월	65,347평	명학역 도보 10분	
2	금정역2차 SKV1타워	2023년 3월	22,057평	금정역 도보 5분	

• 군포, 의왕에 분양 중인 지식산업센터 현황

No.	건물명	준공예정일	연면적	지하철역과의 거리	비고
1	군포 센트럴비즈파크	2022년 7월	8,270평	군포역 도보 12분	
2	의왕 스마트시티	2024년 하반기	83,068평	의왕역 도보 5분	

• 김포에 분양 중인 지식산업센터 현황

No.	건물명	준공예정일	연면적	지하철역과의 거리	비고
1	샹보르 영무파라드	2022년 4월	11,616평	양촌역 도보 5분	구래 지구
2	디원시티 시그니처	2022년 4월	19,671평	양촌역 도보 4분	구래 지구 전용율 높음
3	김포한강 듀클래스	2022년 10월	33,892평	비역세권	구래 지구 드라이브인 시스템
4	한강 르네상스 첨단비즈나인	2023년 4월	30,241평	비역세권 구래역 도보 약15분	구래 지구 드라이브인 시스템

• 남양주에 분양 중인 지식산업센터 현황

No.	건물명	준공예정일	연면적	지하철역과의 거리	비고
1	현대프리미어캠퍼스	2022년 5월	100,265평	비역세권	다산신도시
2	DIMC 테라타워	2022년 3월	75,529평	비역세권	다산신도시
3	현대 그리너리캠퍼스	2023년 5월	24,192평	별가람역 도보 13분	별내신도시
4	한강프리미어갤러리	2023년 3월	19,647평	비역세권	다산신도시

- 구리에 분양 중인 지식산업센터 현황

No.	건물명	준공예정일	연면적	지하철역과의 거리	비고
1	현대테라타워 구리갈매	2023년 10월	31,500평	갈매역 도보 약 15분	구리 갈매
2	구리갈매서영아너 시티	2022년 9월	31,838평	갈매역 도보 약 13분	구리 갈매
3	갈매 금강펜테리움 IX타워	2022년 10월	52,510평	갈매역 도보 약 14분	구리 갈매
4	갈매역 힐스테이트 스칸센알토	2022년 12월	34,509평	갈매역 도보 약 11분	구리 갈매
5	휴밸나인	2024년 3월	45,185평	별내역 도보 약 10분	구리 갈매

- 평택에 분양 중인 지식산업센터 현황

No.	건물명	준공예정일	연면적	지하철역과의 거리	비고
1	에스타워 프라임	2021년 12월	14,302평	비역세권	고덕신도시 내
2	고덕STV	2022년 11월	26,844평	비역세권	고덕신도시 내
3	부성U타워	2022년 12월	20,367평	비역세권	송탄산업단지
4	마제스트타워	2022년 9월	16,805평	비역세권	송탄산업단지
5	삼성 비즈니스센터	2022년 9월	14,891평	비역세권	고덕신도시 내

- 부천, 항동에 분양 중인 지식산업센터 현황

No.	건물명	준공예정일	연면적	지하철역과의 거리	비고
1	부천 골든IT타워	2021년 11월	11,144평	비역세권	부천 옥길지구
2	광양프런티어밸리5차	2022년 2월	22,023평	비역세권	부천 옥길지구
3	광양프런티어밸리7차	2023년 8월	11,090평	비역세권	부천 옥길지구
4	더 플랫폼R	2023년 5월	12,271평	비역세권	부천 옥길지구
5	옥길 테크노밸리	2022년 12월	7,615평	비역세권	부천 옥길지구
6	에이스캠프	2022년 4월	26,328평	비역세권	구로 항동지구
7	춘의 디아크원	2022년 12월	7,375평	춘의역 도보 1분	부천 원미동
8	레노부르크	2022년 11월	11,607평	비역세권	대장지구

• 인천에 분양 중인 지식산업센터 현황

No.	건물명	준공예정일	연면적	지하철역과의 거리	비고
1	인천테크노밸리u1	2021년 12월	85,144평	갈산역 도보 6분	부평
2	송도AT센터	2022년 4월	32,722평	테크노파크역 도보 12분	송도 테크노파크
3	송도AIT센터	2023년 10월	22,009평	테크노파크역 도보 12분	송도 테크노파크
4	청라 에이스하이테크시티	2021년 9월	32,200평	비역세권	도시첨단산업단지
5	청라 더리브티아모	2023년 3월	32,969평	비역세권	도시첨단산업단지
6	가좌 이노밸리	2023년 7월	20,734평	비역세권	가좌동
7	계양DSE	2021년 11월	12,204평	비역세권	서운일반산업단지

• 용인, 오산에 분양 중인 지식산업센터 현황

No.	건물명	준공예정일	연면적	지하철역과의 거리	비고
1	오산 현대테라타워 CMC	2023년 4월	108,185평	비역세권 오산 역세권 될 예정임	
2	기흥ICT밸리 C동	2022년 11월	6,635평	기흥역 도보 8분	용인

• 시흥, 안산에 분양 중인 지식산업센터 현황

No.	건물명	준공예정일	연면적	지하철역과의 거리	비고
1	안산그랑시티 시그니처	2022년 11월	11,413평	비역세권	안산 상록구
2	골드테크노밸리	2022년 11월	14,958평	비역세권	배곧 신도시
3	매화 스마트스퀘어	2021년 10월	17,983평	비역세권	매화 산업단지
4	시흥매화 센트럴M플렉스	2023년 6월	16,822평	비역세권	매화 산업단지
5	광양프런티어밸리 8차	2023년 9월	18,616평	비역세권	시흥 장현지구

• 고양시에 분양 중인 지식산업센터 현황

No.	건물명	준공예정일	연면적	지하철역과의 거리	비고
1	고양 아크비즈	2021년 9월	11,693평	비역세권	원흥지구
2	한일 윈스타	2021년 10월	11,614평	비역세권	원흥지구
3	광양프런티어밸리6차	2021년 8월	13,923평	비역세권	원흥지구
4	한강 듀클래스 고양삼송	2022년 10월	19,891평	비역세권	삼송지구
5	덕은리버워크	2023년 2월	26,505평	비역세권	덕은지구
6	GL메트로시티 한강	2024년 5월	52,852평	비역세권	덕은지구
7	현대테라타워 향동	2023년 6월	25,803평	비역세권	향동지구
8	향동GL메트로시티	2023년 4월	58,143평	비역세권	향동지구
9	향동 현대테라타워 DMC	2023년 8월	41,954평	비역세권	향동지구
10	향동 DMC플렉스데시앙	2024년 3월	43,395평	비역세권	향동지구
11	향동 DMC마스터원	2023년 8월	22,413평	비역세권	향동지구
12	지축역 현대프리미어 캠퍼스	2024년 상반기	40,290평	지축역 도보 5분	덕양구 지축동

• 양주, 의정부에 분양 중인 지식산업센터 현황

No.	건물명	준공예정일	연면적	지하철역과의 거리	비고
1	양주 옥정 듀클래스	2022년 6월	22,820평	비역세권	양주 첫 지식산업센터
2	의정부 고산 듀클래스	2022년 7월	39,661평	비역세권	의정부 첫 지식산업센터
3	의정부 센텀스퀘어	2022년 10월	38,446평	비역세권	의정부 고산지구

• 동탄에 분양 중인 지식산업센터 현황

No.	건물명	준공예정일	연면적	지하철역과의 거리	비고
1	동탄 실리콘앨리	2023년 3월	72,140평	비역세권	
2	샹보르줌타워	2021년 8월	9,064평	비역세권	
3	동탄 W스페이스	2023년 4월	5,388평	비역세권	라이브 오피스로 구성됨
4	동탄아너스카이	2022년 5월	5,983평	비역세권	
5	동탄2 서영아너시티	2021년 8월	4,329평	비역세권	

지식산업센터는 주택이 아니기 때문에 학군 같은 것은 전혀 중요하지 않다. 어떤 지식산업센터가 준공되었을 시 주변 기업체들 배후수요가 풍부하여 준공된 지식산업센터로 얼마나 많이, 얼마나 빨리 들어올지에 초점을 맞춰 분석하면 된다.

지식산업센터 배후수요를 분석할 때 해당 지역에 대기업이 있는지, 아니면 어떤 기업이 있는지도 살펴보고 해당 지자체의 기업체 수 등을 파악하여 이론적으로 분석하는 방식도 있다. 하지만 필자는 입주율 분석기법을 애용하는 편이다.

매우 주관적이지만 필자는 입주 잔금을 치른 후 6개월 안에 입주율이 60% 이상이면 빠른 편이고, 반대로 6개월 동안 60%에 못 미친다면 입주율이 느린 편이라는 기준을 잡고 생각한다.

> 6개월 60% 이상 – 입주율 빠른 편
> 6개월 60% 이하 – 입주율 느린 편

이것이 뜻하는 바는 투자자들이 지식산업센터를 분양받을 시 준공 후 초기 공실을 6개월은 감수하고 투자에 진입해야 한다는 것이다.

대표적인 수익형 부동산인 오피스텔의 경우 임차인들은 대부분 기업이 아닌 일반인이며, 손바뀜이 잦다. 1년 계약 단위로 임차인들이 들락날락하며 중간중간 공실도 생기고, 새로운 임차인을 구할 때 부동산에 지불해야 할 임대차 중개수수료도 발생한다.

하지만 지식산업센터는 기업이 임차인으로 들어오다 보니 오피스텔과 달리 손바뀜이 잦지 않고 보통 2년 단위로 계약하는 경우가 가장 많다. 이렇다 보니, 초기 공실 6개월이 길게 느껴질 수도 있겠지만 한번 임대차를 맞춰놓으면 중간중간 공실 없이 이어지는 경우가 많으니 감수할 만하다.

❷ 입주율은 어떻게 확인할 수 있을까?

사진과 같이 지식산업센터 1층 로비 안
내 데스크 쪽에 있는 현황판은 부정확하
다. 실제 입주하였어도 Information 현
황판에 표시되지 않고 공란인 경우가 종
종 있기 때문이다.

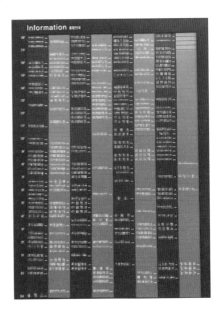

해당 지식산업센터 내에 입주해 있는 부
동산이나 인근 부동산, 또는 당시의 담
당 분양직원에게 물어봐도 되지만 역시
약간 부정확할 것이다.

가장 정확한 것은 관리사무소의 관리소
장에게 물어보는 방법이다. 물론 관리
사무소에 전화하여 다짜고짜 입주율이 몇 퍼센트냐고 물어보면 잘 알려주지 않
으려 한다. 그래서 필자는 항상 관리사무소에 직접 방문하여 입주율을 체크한다.

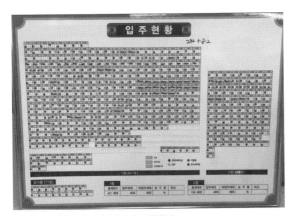

▲ 지식산업센터 내 관리사무소 입주현황판

사진과 같이 관리사무소 안에 있는 입주현황판을 보면 정확히 입주율을 조사할
수 있다.

❸ 입주율 확인으로 알 수 있는 것들

입주율이 빠른 편이라면 그 지식산업센터 인근의 배후수요가 풍부하여 공실 리스크가 적고, 반대로 입주율이 느린 편이라면 그 지역 배후수요가 낮아서 공실 리스크가 높다고 생각하면 된다.

만약 투자자 A씨가 호계동에 있는 신규분양 예정인 H지식산업센터에 투자를 고려하고 있는데 공실 리스크가 걱정이 된다면 어떻게 해야 할까? H지식산업센터 인근에 준공된 지 얼마 안 된 지식산업센터가 있다면 그 지식산업센터 입주율을 확인해 본다. 만약 입주율이 빠른 편이라면 공실 리스크가 적다고 판단하고 투자 결정을 내릴 때 긍정적인 방향으로 검토하면 된다.

반면 H지식산업센터 인근의 지식산업센터 입주율이 느린 편이라면 신규 분양 예정인 H지식산업센터도 공실 리스크가 높다고 볼 수 있으므로 투자 결정을 재검토해야 한다.

물론 투자 결정을 내리는 데 필요한 요소가 공실 리스크만은 아니므로, 프리미엄 형성 가능성이나 향후 미래가치 등 여러 가지 요소를 종합적으로 판단해야 한다.

몇 년 전 경기도의 어떤 지역에 준공된 지 얼마 되지 않은 지식산업센터가 있었다. 당시 입주율이 6개월 만에 약 70% 정도나 되어서 다들 놀랐다. 그래서 그 다음에 준공될 예정인 지식산업센터도 입주율이 빠르지 않을까 예상했는데, 역시 예상 그대로 적중하였다.

이쯤 되면 공실 리스크가 적다고 검증된 지역이라고 봐도 무방하다. 그다음 준공되는 지식산업센터는 공실 걱정을 아예 할 필요가 없다고 생각하여 마음을 편하게 먹었고, 결과는 코로나 사태 속에서도 예상대로 매우 빠른 입주율을 보였다.

④ 통계청 데이터로 수요량 확인하기

지식산업센터에 투자하기 이전에 같은 지역 내 다른 지산의 입주율을 확인한다면 공실 리스크 판단이 가능하지만 최근 핫한 고양시의 향동지구나 덕은지구처럼 아직 입주한 지산이 없다면 입주율 확인이 불가하다.

이처럼 이미 입주한 지산이 없거나, 기존에 같은 지역 내의 다수의 지산이 공급된 상태여서 추가 공급 시 공실 리스크가 걱정된다면 통계청의 사업체 수를 확인하여 공실 리스크를 판단할 수 있다.

통계청 데이터를 이용하여 사업체 수, 즉 배후수요를 확인하는 두 가지 방법을 소개한다.

❶ 통계청 국가통계포털(KOSIS)로 배후수요 확인

	업체 수	이동비율					
		전 사업체 수 대비		창업 및 폐업 기업 제외		이동기업 대비
평균 사업체 수(A)	3,309,991					
두 시점 존재기업 (B)	2,828,670					
이동기업 (C)	85,725	2.59	(= C/A)	3.03	(= C/B)	100.0
시도 내 이동기업 (D)	68,656	2.07	(= D/A)	2.43	(= D/B)	80.09
시도 간 이동기업 (E)	13,622	0.41	(= E/A)	0.48	(= E/B)	15.89
권역 간 이동기업 (F)	3,447	0.10	(= F/A)	0.12	(= F/B)	4.02

▲ 2004~2013년 기업의 지역간 이동현황

a. 배후수요 반경 정하기

지산에 입주하는 기업들은 어디서 많이 이전해 올까? 산업연구원의 '기업의 지역 간 이동분석 및 정책적 과제' 연구보고서의 지역간 기업 이동현황 데이터를 확인해 보면 시/도 내 이동 비율은 80.09%, 시/도 간 이동기업은 15.89%, 권역 간 이동기업은 4.02%이다.

이 데이터로 알 수 있는 것은 기업들은 같은 시와 권역 안에서 이전을 많이 한다는 것이다. (같은 시도나 권역 간 이동 84.11%)

즉, 신규 지산의 가장 큰 배후수요가 되는 것은 같은 지역 내의 사업체 수이고, 그다음으로 같은 권역, 인접한 시의 기업들이 배후수요가 된다는 것을 알 수 있다.

기업 이전의 정확한 거리의 기준을 딱 정하긴 어렵지만, 신규 공급되는 지산의 위치를 기준으로 보통 반경 5km 정도를 기준으로 잡으면 같은 시와 인접한 시가 포함되기 때문에 반경 5km를 기준으로 배후수요가 되는 사업체 수를 구해보겠다.

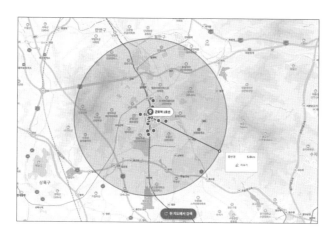

b. 배후수요 반경 내의 시 확인

군포역과 직결되고 연면적 약 74,000평 규모 등으로 투자자들의 관심을 많이 받는 군포생각공장(가칭)을 예로 배후수요를 구해보겠다.

우선 네이버 지도에서 반경 버튼을 클릭 후 군포생각공장 예정지인 군포역에서 5km를 돌리면 군포시와 안양시, 의왕시가 있으며 이 중 지산에 들어올 수 있을 것으로 판단되는 제조 관련 업종인 제조업, 도매 및 소매업, 운수 및 창고업과, 비제조 관련 업종인 정보통신업, 전문/과학 및 기술 서비스업, 사업시설 관리, 사업지원 및 임대 서비스업으로 나눠서 통계청 데이터를 확인한다.

c. 통계청 데이터 추출

통계청(kostat.go.kr) 사이트에 접속한 후 아래의 순서대로 클릭하고 엑셀데이터로 내려받은 후 각 업종별 사업체 수를 확인한다.

통계청 사업체 수 확인

국내통계 → 기관별 통계 → 지방자치단체 → 경기도 → 군포시 → 경기도군포시기본통계 → 사업체 → 산업대분류별 사업체 총괄

a. 제조 관련 업종분류
- 제조업
- 도매 및 소매업
- 운수업 및 창고업

b. 비제조 관련 업종분류
- 정보통신업
- 전문, 과학 및 기술 서비스업
- 사업시설관리 및 사업지원 서비스업

---

d. 추출된 사업체 수 확인

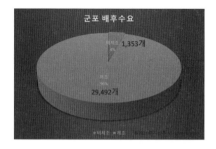

군포 반경 5km 이내의 사업체들을 제조와 비제조로 구분해 보면 제조가 29,492개로 96%, 비제조가 1,353개로 4% 비율이다.

이 데이터를 바탕으로 군포지역에 투자할 때 제조 관련 지산 상품인 드라이 브인 호실을 선택한다면 성공투자가 될 확률이 높아진다.

❷ 통계청 통계지리정보서비스(SGIS)로 배후수요 확인

앞서 설명한 통계청 데이터로 확인하는 방법은 처음에는 다소 어렵고 번거롭다. 그래서 좀 더 간편한 방법인 통계지리정보서비스의 대화형 통계지도를 이용하는 방법도 소개한다.

a. 통계지리정보서비스 사업체 수 확인

통계지리정보서비스 사이트(sgis.kostat.go.kr) 접속 〉 대화형 통계지도 〉

전국사업체조사 〉 지역 선택(경기도–군포시–전체) 〉 산업조건 버튼생성 〉
생성항목 지역경계에 끌어놓기 〉 통계표출 버튼 ON

먼저 통계지리정보서비스 사이트(sgis.kostat.go.kr)에 접속 후 '대화형 통
계지도 〉 전국사업체조사'를 클릭한다.

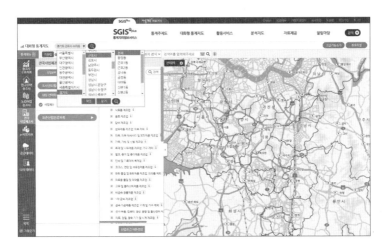

사업체 수 클릭 후 이동한 화면에서 이미지에 보이는 우측 상단의 지역을
'경기도〉군포시〉전체'로 선택한 후 확인 버튼을 클릭하면 군포시가 있는 지
도화면으로 변경된다.

이때 산업 조건을 전체산업 또는 원하는 업종으로 선택 후 '산업조건 버튼
생성'을 클릭한다.

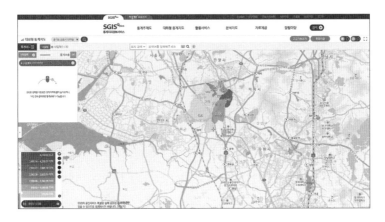

생성된 항목 '사업체 수(개)-2019년'을 지도화면의 군포시 경계 지역에 끌어놓고 통계표출 버튼을 클릭하면 이미지와 같이 해당 지역의 사업체 수가 표시된다.

다소 번거롭지만, 투자 전에 지금까지 설명한 방법들을 통해 배후수요(사업체 수)를 꼭 확인해 보기를 권한다. 입지보다 수요와 공급이 지산투자의 성공투자를 더 가른다.

6 클러스터와 나홀로 지산

'클러스터'란 산업집적지란 의미로, 유사 업종에서 다른 기능을 수행하는 기업이나 기관들이 한곳에 모여있는 것을 말한다. 대표적인 예로 '테헤란밸리', '판교테크노밸리', 가산디지털단지, 구로디지털단지인 'G밸리', '마곡M밸리', '문정법조단지', '부천테크노파크' 등이 있다.

클러스터의 효과는 같은 산업군의 기업들이 모여있기 때문에 기업 간 경쟁 속에서 서로 건전하게 발전하기도 하고, 기술과 인재의 교류가 이루어지며, 정보(지식)가 이동하고 M&A도 하면서 시너지를 내게 된다.

그리고 그 산업이 죽지 않는 이상, 한번 자리 잡은 클러스터가 붕괴하지 않고 계속 성장하게 된다.

클러스터가 형성되면 계속 성장하고 그 클러스터를 중심으로 일자리가 계속 증가하며 부동산 개발이 지속해서 이루어지기 때문에 미래가치가 높다고 할 수 있다. 이 부분이 지식산업센터 투자 입장에서 중요하다.

또한 클러스터를 이룬 지역에 건물을 지을 땅이 남아있다면 추가로 지식산업센터가 공급될 가능성이 크다. 신규 지식산업센터가 공급되면 토지비, 공사비, 부대비, 사업이익 등으로 분양가가 결정되고, 토지비나 공사비가 시간이 지날수록 상승해서 분양가도 지속해서 상승하는 모습을 보인다.

고분양가로 신규 지식산업센터가 분양되면 기축 지식산업센터들도 갭 메우기를 하면서 매매가가 상승하기 때문에 시세차익이 발생한다.

판교테크노밸리나 G밸리처럼 산업클러스터가 형성되면 네이버, 카카오, 넷마블과 같은 대기업들이 입주하고, 그 기업들의 협력사들도 함께 이전하며, 많은 기업과 좋은 인프라로 인해 스타트업 기업들도 클러스터를 중심으로 생겨나는 등 기업 수요가 많아지므로 공실 리스크가 낮아진다.

▲ G밸리 가산디지털단지 내 조형물

G밸리 가산디지털단지의 경우, 지식산업센터 공급이 너무 많이 이루어져서 공실 리스크가 높지 않겠냐고 걱정하시는 분들도 있고, 필자 또한 한때 그렇게 생각했다. 하지만 실상은 전국에서 공실 리스크가 가장 적은 지역이 바로 가산디지털단지이다.

최근 가산디지털단지에 준공된 지식산업센터들 사례를 보면, 2단지의 '삼성IT해링턴', '에이스 비즈포레', 'K1타워', '가산포휴' 등이 준공 후 6개월 이내에 입주율 80% 이상을 선보이며 매우 빠르게 입주가 마무리되었다.

매매가가 상승하지 못하고 제자리걸음으로 정체된 모습을 보이던 2단지의 '리더스타워', 'SJ테크노빌'도 '가산KS타워'라는 지식산업센터가 고분양가로 신규 분양이 나오니 최근 매매가가 많이 상승하였다. 3단지의 'STX-V타워'도 인근에 '대륭22차'가 고분양가로 신규 분양이 나온다는 소식이 전해지면서 매매가가 급등하는 모습을 보였다.

이처럼 클러스터 내의 지식산업센터는 지속적인 부동산 인프라가 개발되고 지식산업센터가 공급되면서 매매가 상승이 일어나고, 기업들의 수요가 늘어나면서 공실 리스크 또한 낮아진다.

반면에 클러스터를 이루지 못하고 홀로 있는 지식산업센터도 있는데, 흔히 '나홀로 지산'이라고 표현한다. 이렇게 나홀로 있는 지식산업센터는 기업들의 이전 수요가 적기 때문에 공실 리스크도 높은 편이고, 주변에 지식산업센터 추가 공급이 이루어지지 않아 매매가 상승도 더디다.

이런 특성을 숙지해서 투자자는 나홀로 지식산업센터보다 클러스터 내에 있는 지식산업센터에 투자하는 것도 좋은 방법이다.

그럼 어떤 클러스터를 고려해 보는 것이 좋을까? 해당 클러스터 안의 현재 기업체 수나 소득수준도 중요하지만, 어떤 클러스터(산업)인지와 향후 그 클러스터의 기업체 수가 증가할지 또는 미래가치가 있는지, 그리고 그 클러스터 안의 지식산업센터 수급 상황 등을 고려해야 한다.

수급 상황을 확인하려면 지식산업센터 시장을 끊임없이 모니터링할 수밖에 없는데, 기업체 숫자 증가 여부는 서울, 경기 지역의 스타트업 업체 수를 확인하는 것도 좋은 방법이다.

스타트업 기업이 많다는 것은 그 클러스터 안에 기업체 수가 증가했다는 것을 방증하는 것이기도 하다.

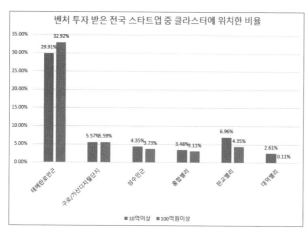

▲ 벤처 투자받은 전국 스타트업 중 클러스터에 위치한 비율 (출처 : 스타트업 얼라이언스)

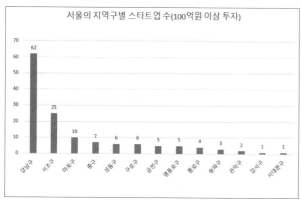

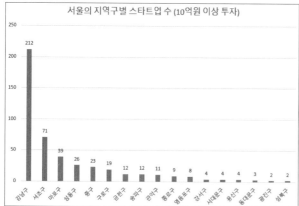

▲ 서울의 지역구별 스타트업 수 (출처 : 벤처 스퀘어)

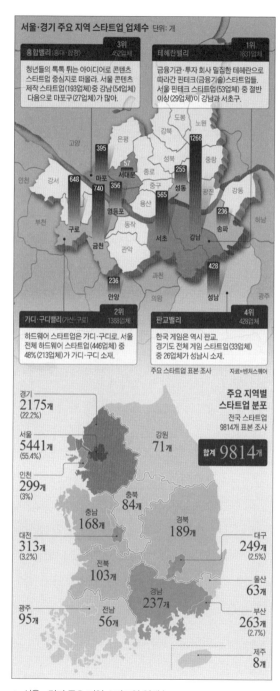

서울·경기 주요 지역 스타트업 업체수 단위: 개

3위 홍합밸리 (홍대·합정) 452업체

청년들의 톡톡 튀는 아이디어로 콘텐츠 스타트업 중심지로 떠올라. 서울 콘텐츠 제작 스타트업(193업체)중 강남(54업체) 다음으로 마포구(27업체)가 많아.

1위 테헤란밸리 1831업체

금융기관·투자 회사 밀집한 테헤란으로 따라간 핀테크(금융기술)스타트업들. 서울 핀테크 스타트업(53업체) 중 절반 이상(29업체)이 강남과 서초구.

고양 395
은평 57 서대문
강서 648 마포 740 356 영등포
구로 240
금천 236 안양
도봉 강북 노원 성북 1266 중랑 종로 255 중구 성동 565 용산 동작 광진 강동 하남 236 송파 서초 강남
관악 과천 의왕 성남 428 광주

2위 가디·구디밸리 (가산·구로) 1388업체

하드웨어 스타트업은 가디·구디로. 서울 전체 하드웨어 스타트업(446업체) 중 48%(213업체)가 가디·구디 소재.

4위 판교밸리 428업체

한국 게임은 역시 판교. 경기도 전체 게임 스타트업(33업체) 중 26업체가 성남시 소재.

주요 스타트업 표본 조사   자료=벤처스퀘어

주요 지역별 스타트업 분포
전국 스타트업 9814개 표본 조사

합계 9814개

경기 2175개 (22.2%)
서울 5441개 (55.4%)
인천 299개 (3%)
강원 71개
충북 84개
충남 168개
대전 313개 (3.2%)
경북 189개
대구 249개 (2.5%)
전북 103개
울산 63개
광주 95개
전남 56개
경남 237개
부산 263개 (2.7%)
제주 8개

▲ 서울·경기 주요 지역 스타트업 업체수

지역별 지식산업센터 분석

이번에는 서울 및 수도권 지식산업센터들에 대한 지역별 분석을 해보도록 하자. 최근 서울은 '시세차익형', 경기도는 '임대수익형'으로 지식산업센터가 양분화되고 있는 모양새를 보이고 있다.

■ 서울

서울에서 지식산업센터가 몰려있는 지역은 크게 가양동, 성수동, 문정동, 영등포, 디지털단지 이렇게 다섯 군데가 있다. 서울은 이미 가격이 많이 급등하여 이제는 수익률이 잘 나오지 않기 때문에 시세차익형으로 생각하고 투자해야 한다. 특히, 아파트에 투자하던 투자자들이 대거 서울 주요 지역 지식산업센터 투자로 몰려서 시세를 급등시키고 있는 상황이다.

❶ 가양동

가양동은 오피스 공급 과잉이 있었던 마곡의 바로 옆에 있다 보니, 이 영향을 받아서 서울 내 다른 지역과 비교하여 공실 리스크가 높은 편이다. 9호선 마곡나루역 쪽은 공실이 많이 해소되고 있는 모습을 보이지만 5호선 마곡역 쪽은 아직 공실이 많다.

그래서 임대료 수준도 디지털단지를 제외하고 서울 내 다른 지역에 비하여 낮은 편이다 보니 수익률이 잘 나오지 않는 상황이다.

서울 지역인데도 불구하고 시세차익도 영등포나 성수동, 문정동에 비하여 잘 나지 않는 편이라 이들 지역에 비하여 투자 선호도가 다소 떨어진다.

하지만 최근 이마트 가양점 복합개발 예정과 가양동 CJ제일제당 바이오연구소 부지(10만 5,775m²) 개발이 본격화되면서 가양동이 뜨겁게 달아오르고 있다.

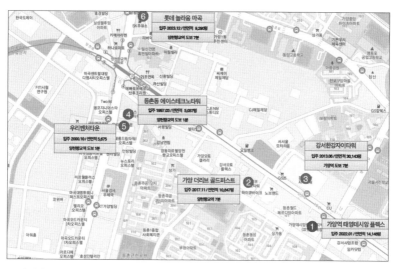

▲ 강서권역 지식산업센터 현황(양천향교역~가양역 구간)

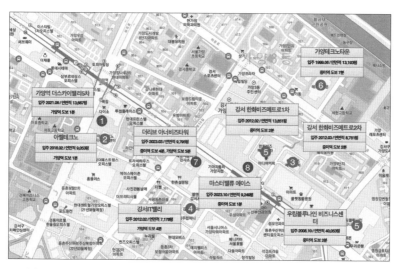

▲ 강서권역 지식산업센터 현황(가양역~증미역 구간)

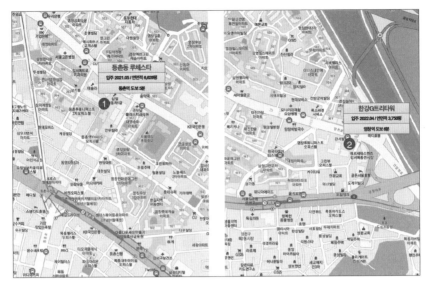

▲ 강서권역 지식산업센터 현황(등촌역~염창역 구간)

❷ 성수동

과거 1960년대 공업단지로 조성되어 구두공방, 오래된 공장들이 밀집되어 있던 성수동 지역은 내부수요도 충분하고, 강남지역 접근성이 좋은 편이라 주요 배후수요로 강남을 끼고 있다.

현재 분양 중인 지식산업센터들은 모두 완판되어 프리미엄이 높게 형성되어 있으며, 매물을 구하기도 쉽지 않다.

시세가 급상승함에 따라 임대수익률은 매우 안 좋게 나오지만, 반대로 시세차익은 매우 잘 나는 지역이다. 공실 리스크도 적어서 투자자들 사이에 인기가 높은 지역이지만 현실적으로 매물 구하는 것이 어려워 투자자들의 접근이 쉽지 않다.

▲ 성동권역 지식산업센터 현황(성수동1가 북부지역)

▲ 성동권역 지식산업센터 현황(성수동1가 북부지역)

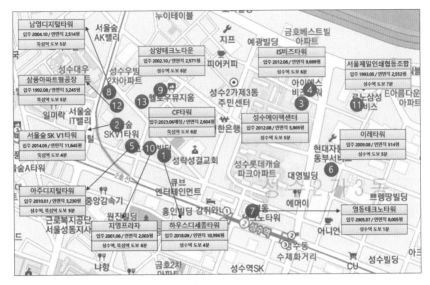

▲ 성동권역 지식산업센터 현황(성수역 북부지역)

▲ 성동권역 지식산업센터 현황(성수동역 남부지역)

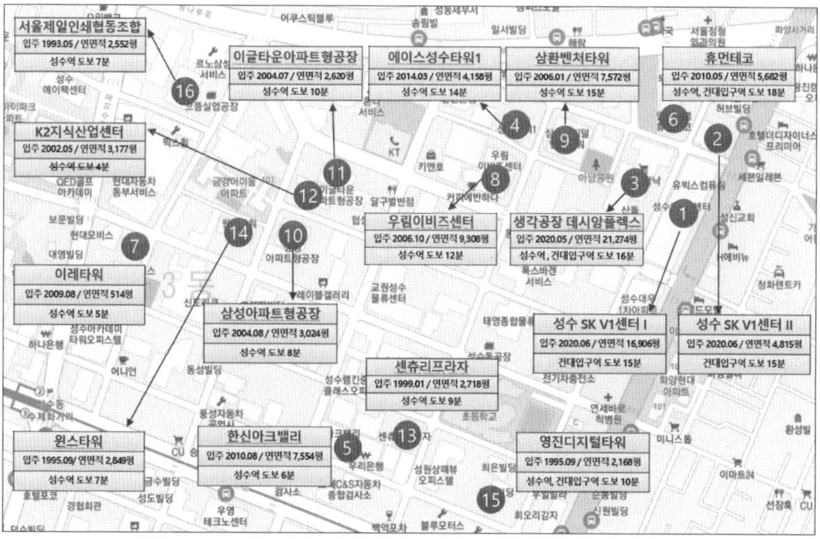

서울제일인쇄협동조합
입주 1993.05 / 연면적 2,552평
성수역 도보 7분
이글타운아파트형공장
입주 2004.07 / 연면적 2,620평
성수역 도보 10분
에이스성수타워1
입주 2014.03 / 연면적 4,158평
성수역 도보 14분
삼환벤처타워
입주 2006.01 / 연면적 7,572평
성수역 도보 15분
휴먼테코
입주 2010.05 / 연면적 5,682평
성수역, 건대입구역 도보 18분
K2지식산업센터
입주 2002.05 / 연면적 3,177평
성수역 도보 4분
우림이비즈센터
입주 2006.10 / 연면적 9,308평
성수역 도보 12분
생각공장 데시앙플렉스
입주 2020.05 / 연면적 21,274평
성수역, 건대입구역 도보 16분
이레타워
입주 2009.08 / 연면적 514평
성수역 도보 5분
삼성아파트형공장
입주 2004.08 / 연면적 3,024평
성수역 도보 8분
성수 SK V1센터 I
입주 2020.06 / 연면적 16,906평
건대입구역 도보 15분
성수 SK V1센터 II
입주 2020.06 / 연면적 4,815평
건대입구역 도보 15분
센츄리프라자
입주 1999.01 / 연면적 2,718평
성수역 도보 9분
윈스타워
입주 1995.09/ 연면적 2,849평
성수역 도보 7분
한신아크밸리
입주 2010.08 / 연면적 7,554평
성수역 도보 6분
영진디지털타워
입주 1995.09 / 연면적 2,168평
성수역, 건대입구역 도보 10분

▲ 성동권역 지식산업센터 현황(성수사거리 북부지역)

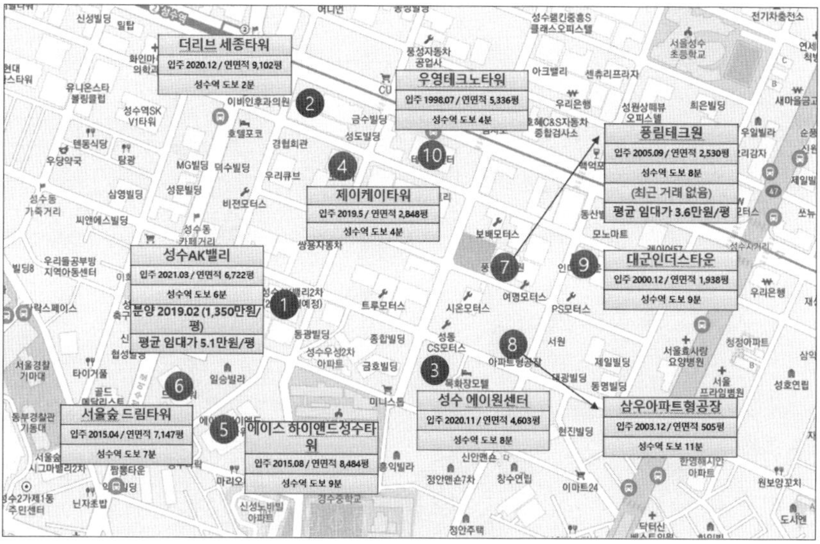

더리브 세종타워
입주 2020.12 / 연면적 9,102평
성수역 도보 2분
우영테크노타워
입주 1998.07 / 연면적 5,336평
성수역 도보 4분
풍림테크원
입주 2005.09 / 연면적 2,530평
성수역 도보 8분
(최근 거래 없음)
평균 임대가 3.6만원/평
제이케이타워
입주 2019.5 / 연면적 2,848평
성수역 도보 4분
성수AK밸리
입주 2021.03 / 연면적 6,722평
성수역 도보 6분
분양 2019.02 (1,350만원/평)
평균 임대가 5.1만원/평
대군인더스타운
입주 2000.12 / 연면적 1,938평
성수역 도보 9분
서울숲 드림타워
입주 2015.04 / 연면적 7,147평
성수역 도보 7분
에이스 하이앤드성수타워
입주 2015.08 / 연면적 8,484평
성수역 도보 9분
성수 에이원센터
입주 2020.11 / 연면적 4,603평
성수역 도보 8분
삼우아파트형공장
입주 2003.12 / 연면적 505평
성수역 도보 11분

▲ 성동권역 지식산업센터 현황(성수사거리 남부지역)

❸ 문정동

문정동은 지식산업센터 시세가 가장 비싼 지역이다. 문정 법조단지에 지식산업센터 클러스터가 형성되어 있는데, 2017년 준공된 문정SKV1 이후 신규 지식산업센터 공급이 없다. 수요에 비하여 공급이 없어 가격이 계속 급등하고 있다.

수익률은 매우 안 좋게 나와서 성수동과 마찬가지로 수익형으로 생각하기는 힘들고, 시세차익형으로 생각하고 접근해야 하며 매물을 구하는 것이 힘들다.

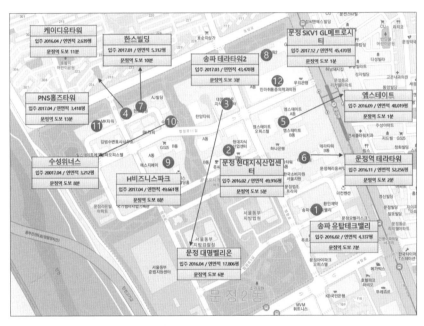

▲ 송파권역 지식산업센터 현황(문정지구)

❹ 영등포

서울 한복판에 있는 영등포 지역 지식산업센터들은 호불호가 없이 사업자들이 선호하는 지역이다. 준공업 지역이기는 하지만 주택과 공장이 혼재해 있는 특징을 가지고 있다. 그래서 지식산업센터들이 한 군데 몰려있지 않고, 이곳저곳 흩어져 있다.

영등포 내 지식산업센터 역시 가격이 급등하여 수익률은 안 나오고 있어, 역시 시세차익형으로 생각하고 접근해야 한다.

영등포에서 신규 분양 나오는 지식산업센터들은 분양받기만 하면 항상 프리미엄이 많이 형성되는 것을 학습효과로 알게 되어 투자자들이 가장 선호하는 지역이다.

따라서 신규 분양 현장이 나올 때마다 많은 사람이 분양받기 위해 몰리지만, 경쟁이 너무 치열하여 분양받기가 쉽지 않다.

▲ 영등포권역 지식산업센터 현황(선유도역 주변)

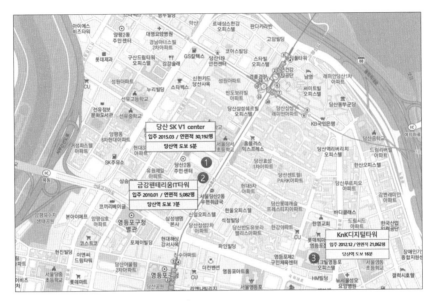

당산 SK V1 center
입주 2015.03 / 연면적 30,192평
당산역 도보 5분 ①

금강펜테리움IT타워
입주 2010.01 / 연면적 5,082평
당산역 도보 7분 ②

KnK디지털타워
입주 2012.12 / 연면적 21,062평
당산역 도보 16분 ③

▲ 영등포권역 지식산업센터 현황(당산역 주변)

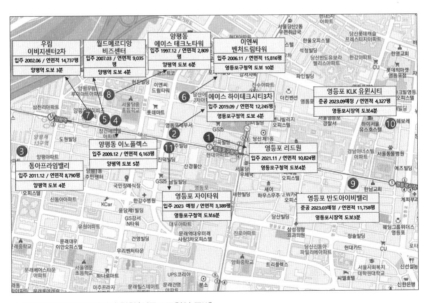

우림 이비지센터2차
입주 2002.06 / 연면적 14,737평
양평역 도보 3분

월드메르디앙 비즈센터
입주 2007.03 / 연면적 9,035평
양평역 도보 4분

양평동 에이스 테크노타워
입주 1997.12 / 연면적 2,809평
양평역 도보 6분

이엔씨 벤처드림타워
입주 2006.11 / 연면적 15,816평
영등포구청역 도보 10분

에이스 하이테크시티3차
입주 2019.09 / 연면적 12,245평
영등포구청역 도보 4분

영등포 KLK 유원시티
준공 2023.09예정 / 연면적 4,327평
영등포시장역 도보4분

동아프라임밸리
입주 2011.12 / 연면적 8,790평
양평역 도보 4분

양평동 이노플렉스
입주 2009.12 / 연면적 6,163평
양평역 도보 5분

영등포 리드원
입주 2021.11 / 연면적 10,824평
영등포구청역 도보4분

영등포 자이타워
입주 2023 예정 / 연면적 3,389평
영등포구청역 도보6분

영등포 반도아이비밸리
준공 2023.03예정 / 연면적 11,758평
영등포시장역 도보3분

▲ 영등포권역 지식산업센터 현황(영등포구청역 주변)

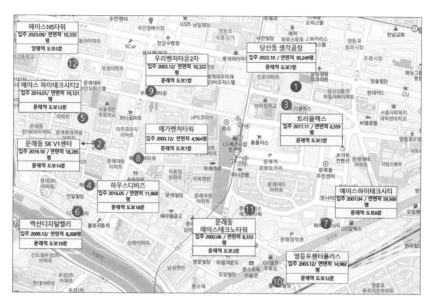

▲ 영등포권역 지식산업센터 현황(문래역 주변)

❺ 디지털단지

지식산업센터의 메카이자 전국에서 가장 많은 지식산업센터가 몰려있는 이 지역은 국가산업단지이다.

구로공단과 가리봉동이 디지털단지로 탈바꿈한 이 지역은 1단지(구로디지털단지)와 2단지, 3단지로 나뉘는데 주로 3단지에 지식산업센터 공급이 많이 몰려있다.

전국에서 지식산업센터 공급이 가장 많은 지역이기도 하지만, 수요 역시 전국에서 가장 많아 전국에서 공실 리스크가 가장 적다.

하지만 국가산업단지여서 임대투자자들의 임대사업은 원칙적으로 허용이 안되는 곳이다. 서울에서 지식산업센터 시세가 가장 저렴한 지역이라 수익률도 제일 높게 나오고 공실 리스크도 없어 임대투자자들이 많이 몰렸지만, 지금은 디지털단지도 가격이 급등하여 수익률이 안 나오기 시작하였다.

또한 산업단지관리공단의 실사를 받아야 하는 곳이라서 실입주자 및 전매투자자들 이외에 임대투자자들에게는 추천하고 싶지 않은 곳이다. 디지털단지에 투자하려면 임대사업이 자유로운 '지원업무호실'을 추천한다.

② 경기도

경기도 지역의 지식산업센터들은 수익률이 서울보다 잘 나오는 편이다. 배후수요가 풍부하고 공실 리스크가 적은 지역으로 옥석 가리기를 잘하여 투자하면 좋은 성과를 얻을 수 있을 것이다.

❶ 광명

서울에 매우 가깝게 인접해 있지만, 인프라 구축이 잘 되어있지 않아서 아직까지는 가성비가 좋지 않다.

공실 리스크가 다소 높은 편이며 평당 임대료 수준도 높지 않지만, 신안산선과 월판선이 개통될 때쯤에는 다소 저평가되어 있는 현재에 비해 시세가 많이 오를 것으로 보여 장기적으로 투자가치가 높다.

❷ 안양

안양은 크게 인덕원-평촌 지역과 금정역 쪽으로 나뉜다.

인덕원-평촌 지역은 공실이 없고 배후수요가 풍부하며 수익률도 잘 나오는 편이라 투자자들 사이에서 인기가 높은 지역이다. 하지만 지식산업센터로 투자자들이 몰리면서 매물들이 다 사라져 투자할 수 있는 물건이 별로 없다.

금정역 쪽의 호계동 지식산업센터들은 GTX-C 노선이 확정되면서 인기가 높아졌는데, 역시 매물 구하기가 쉽지 않다.

신규 준공되는 지식산업센터들은 서울보다 빠른 입주율을 보일 정도로 공실 리스크가 적다.

▲ 안양벤처밸리 기념석

❸ 수원

크게 광교와 영통으로 나뉘는데, 광교는 바이오단지가 있어 배후수요가 풍부하고 신분당선 라인으로 판교와 강남 접근성도 괜찮아 실입주 기업들의 만족도 또한 높다.

드라이브인 호실은 없고 다 업무용 오피스 호실들밖에 없으며, 투자자들 사이에서 인기가 매우 높은 지역이다.

수요보다 공급이 적은 지역으로 공실이 없고 최근 가격이 많이 올랐다.

영통에는 삼성 본사가 있으며 주요 배후수요라 할 수 있겠다. 하지만 삼성 본사 인근의 삼성 납품업체나 협력업체들이 이미 자리잡고 있어서 신규 분양 중인 지식산업센터들이 준공된다고 하여 협력업체들이 유입될 것인지는 보수적으로 생각해 볼 필요성이 있다.

❹ 인천/김포

산업단지가 많고 땅값이 저렴하며, 분양가격도 싼데 임대료 수준 또한 저렴하다.

땅값이 저렴하여 단독공장 사옥을 사용하는 기업들이 많아 지식산업센터로 입주하는 배후수요가 다소 약한 편이다.

하지만 송도는 별도로 생각해야 하는데 내부수요가 아닌 가산, 영등포, 강남, 성남 등에서 넘어오는 수요가 많으며 공실 리스크도 적고 평당 임대료도 인천에서 가장 높은 수준이다.

❺ 남양주/구리

다산신도시와 별내신도시에 지식산업센터들이 있는데, 같은 남양주지만 다산신도시는 과밀억제권역이고 별내신도시는 성장관리권역이다.

제조, 유통, 도소매 업종들이 많아서 도어투도어가 되는 드라이브인 호실에 대한 수요가 업무용 오피스 호실에 대한 수요보다 많은 지역이다.

구리 갈매지구에는 현재 지식산업센터 공급이 많이 이루어지고 있지만 구리 갈매지구에 지식산업센터가 처음으로 생기는 것이라 검증되지 않은 지역이다. 그렇지만 별내 바로 옆이라서 별내처럼 드라이브인 호실에 대한 수요가 많다고 봐야 한다.

현재 구리 갈매 현대테라타워, 서영아너시티, 금강펜테리움IX타워, 힐스테이트 스칸센알토, 휴밸나인을 합쳐 5개 지식산업센터 연면적 약 20만평에 가까운 공급이 이루어지고 있어 입주시기에 공실 리스크에 대한 관리가 필요해 보인다.

❻ 성남

성남 일반산업단지에는 지식산업센터들이 많이 있는데, 산업단지라서 임대

투자자들의 임대사업이 허용되지 않는 지역이다. 그런 데다가 비역세권이고 대중교통 접근성이 좋지 않아 매매가도 잘 안 올라 실입주자들이 아닌 투자자들에게 추천하기는 어려운 지역이다.

❼ 평택

삼성반도체 평택캠퍼스가 있는 고덕신도시 내에 지식산업센터들이 계속 공급되고 있으며 삼성반도체 평택캠퍼스를 중심으로 클러스터가 형성되고 있는 초기 단계로 볼 수 있다.

평당 임대료 수준이 높아 수익률이 잘 나오며 임차인들이 대부분 삼성 납품업체나 협력업체인 우량임차인이라, 초기 단계인 현재는 공실 리스크가 다소 높으나 장기적으로 투자 검토를 해봤을 때 긍정적인 요소들이 있다.

그러나 고덕신도시 바깥에 있는 지식산업센터들은 투자 리스크가 많아 보인다.

❽ 고양

고양시는 제조, 유통, 도소매 업종들이 많아 드라이브인 호실에 대한 수요가 많은 지역이다.

최근 지식산업센터 공급이 덕은-향동지구에 많이 이루어지고 있다. 덕은-향동지구는 상암DMC 인근이라 상암DMC가 주요 배후수요 중 하나라고 할 수 있겠지만 비역세권이며 검증되지 않은 곳이기도 하다.

덕은-향동지구는 투자자들 사이에서 인기가 매우 많은 지역으로 신규 분양이 나오는 족족 완판되고 있다.

덕은지구는 한강 조망이라는 프리미엄이 있는 곳이며, 드라이브인 호실은 없다. 향동지구 지식산업센터는 설계 제원이 좋은 드라이브인 시스템이 강점이다.

❾ 용인, 동탄, 하남

수요에 비해 지식산업센터 공급이 많이 이루어졌으며, 공실이 많은 편이라 실입주자들이 아닌 투자자들은 보수적으로 접근해야 하는 지역이다.

전체적으로 이 지역의 모든 지식산업센터가 다 좋지 않다는 말은 아니고 이들 지식산업센터 중 대장 지식산업센터는 프리미엄도 형성되어있고 괜찮은 편이지만 전체적으로 평가해 보았을 때 그렇다는 것이므로 이 지역에 투자하려면 옥석 가리기를 철저히 하여 신중하게 선택해야 한다.

CHAPTER 05 지식산업센터 투자사례

지식산업센터 투자 스토리

지금부터의 이야기는 네이버 지산투 카페 회원들의 생생한 지식산업센터 투자 성공기이다. 아무것도 몰랐던 초보 지린이들이 투자 성공을 이루어낸 이야기는 여러분도 충분히 할 수 있다는 것을 알려줄 것이다. 지산투 카페 회원들의 더 많은 투자 스토리와 후기는 네이버 지산투 카페에서 볼 수 있다. 이미 많은 투자자가 성공적인 투자를 이루어냈고, 앞으로 더 많은 결실을 이루어낼 것을 기대한다.

1 닉네임 : (**할래요)

이번 투자사례는 '**할래요'님이 2019년 10월 수원에 있는 지식산업센터를 투자하여 매입한 사례이다. 아래 표에 수익률이 매우 높게 나오는데, 요새는 지식산업센터 가격이 많이 올라서 이 정도까지 높은 수익률은 나오기 힘들다.

> 어제는 월세 공장을 하나 더 추가하는 감격스러운 날이었습니다.
>
> 잔금을 치르러 영통에 다녀왔습니다. 오전 11시 약속이었는데 매도인이 약간의 문제가 생겨 시간이 많이 지체되고 기다리게 되었습니다.
>
> 영통 디지털 엠파이어의 전용 28평 정도의 자그마한 물건을 매매했습니다.

대출은 기업은행에서 진행했습니다. 문래 SK V1 입주 시기와 겹쳐 지점장님이 제 것을 많이 신경 못 쓰셔서 잔금날 이전까지 확정 통보를 못 받아 마음고생이 이만저만이 아니었는데, 다행히 90% 한도에 2.69%의 대출을 받을 수 있게 되었습니다. 어제 함께한 법무사님도 모바일 비교사이트인 '법무통'보다 약간 비싸긴 했지만, 상당히 친절하고 깔끔하게 일을 처리해 주셔서 전혀 아깝지 않았습니다.

여러분도 성공 투자하셔서 같이 부자 되길 바랍니다.

#	적요	금액	비고
1	매매가	230,000,000	입력값
2	대출금	207,000,000	입력값
3	대출이율	2.69%	입력값
4	월이자상환액	464,025	대출금 * 대출이율 / 12
5	보증금	20,000,000	입력값
6	실투자금	3,000,000	매매가 - 대출금 - 보증금
7	월세	1,200,000	입력값
8	월수익	735,975	월세 - 월이자상환액
9	연수익률	294.39%	(월수익 * 12) / 투자금 × 100
10	부대비용	11,140,000	공인중개사 및 법무사 수수료, 취득세 등
11	부대비용 회수 기간	9.3달	실질적으로 수익이 나는데 걸리는 시간
12	부대비용 감안한 수익률	62.46%	(월세-월이자상환액) * 12 / (투자금 + 부대비용) × 100

❷ 닉네임 : (눈부신**)

이번에는 은퇴를 앞두고 월세 임대소득 세팅을 위하여 단기간에 급히 지식산업센터 여러 개에 투자한 '눈부신**'님이 영등포 지식산업센터에 투자한 사례로 2019년 매수 당시 평당:900만 원이 안 되는 물건이 현재는 평당:약 1,300만 원 선에 형성되어 있다.

저는 남편의 은퇴로 인해 2019년에 지산 투자의 신세계를 경험하게 되었습니다.

오늘 드디어 마지막 잔금을 처리했더니 정신이 혼미할 정도입니다.

처음에는 제가 광명에 살아서 집에서 가까운 가산디지털단지, 구로디지털단지의 임대가 맞춰진 매물 위주로 찾았습니다. 하지만 임대업이라 산업단지가 편치 않아 그 주변의 핫하지는 않아도 임장을 통해 공실이 없고 임대 관리가 편리한 구축들을 찾았습니다.

처음에는 '가산디지털단지, 구로디지털단지가 코앞이라 굳이 영등포까진 안 가도 되겠지?'라고 생각해 알아보지 않았는데 차츰 영등포로 관심이 가게 되었습니다. 수익률은 그다지 높지 않아도 입지 면에서는 역시 안정적이라고 생각합니다.

영등포에 준공된 지 5년차인 에이스하이테크시티2차를 보고 매수하게 되었으며 드디어 영등포에 씨앗을 뿌릴 수 있게 되었습니다.

세팅한 지산을 1년 동안 잘 돌려보고 내년 이맘때에는 1년 후기를 써보겠습니다.

1년이 지나고 10년이 되면 지금 뿌린 씨앗이 잘 자란 나무가 되어 효도할 것이라 믿습니다.

❸ 닉네임 (공부하고 ****)

지산 첫 계약한 지 얼마 되지 않은 것 같은데, 오늘 잔금을 치르고 기쁜 마음에 다시 글을 씁니다.

일단 대출은 두 은행을 비교했는데, 저는 수익률보다 이율이 낮은 쪽을 선택했습니다. 그래도 수익률이 37.43%이니 제게는 훌륭합니다.

임대수익률	대출이자	중개 수수료(부가계산)	평당계
임대보증금		60,000,000 원	
월세		5,400,000 원	
적정가치시세		1,140,000,000 원	

임대 수익률 계산 ?

분양가	1,035,000,000 원
대출금	873,000,000 원
대출금리	3.05 %

임대 수익률 계산 결과 ?

임대 수익률	37.43 %
실투자비	102,000,000 원
연간임대료 수입	64,800,000 원
연이자	26,626,498 원
연순수익	38,173,502 원
월이자	2,218,874 원
월순수익	3,181,125 원

저는 세 개 호실을 하나로 터서 한 회사에서 쓰고 있는데 칸막이 문이 옆 호실의 경계를 넘어서는 바람에 대출을 받을 때 약간 잡음이 있었습니다. 하지만 결국 문제없이 대출을 받을 수 있었습니다.

매가가 크니 취득세도 약 4,800만 원, 부동산 중개수수료는 900만 원, 부가세 포함하여 990만 원을 냈습니다.

취득세는 카드 할부로 결제했는데, 중개수수료는 중개사가 양쪽 수수료를 모두 다 받았습니다. 그리고 법무사의 신속한 일 처리가 아주 마음에 들었습니다.

이제 잔금까지 치렀으니 앞으로 월세도 받고 세금계산서도 발행하고, 부가세 신고, 종합소득세 신고 등 임대사업자로 해야 할 일들이 생길 것 같습니다.

첫 투자로 너무 큰 건이라 걱정이 많았지만, 임차인도 안정되어 보여서 오히려 관리하기 좋을 것 같습니다.
잘 관리해서 저도 임대사업자의 즐거움을 누려볼 수 있을 것 같습니다.
첫 투자를 처음부터 끝까지 잘 이끌어주신 아파왕님께 다시 한번 감사의 말씀을 드립니다.

4 닉네임 (대구**)

일정

동대구~광명~가디 현장 임장 후~

계약서 작성~ 세무서 사업자등록신청~은행 대출 후

~뒤풀이 후 새벽 대구 귀가 ㅎ

L지산 투자 시작합니다. ㅎ

10~11년 차 지산(L) 현장 도착 후 동일 층 다른 호실 매수자분들과 함께 계약서를 작성하며 전 설레었습니다.

계약서 작성 후 그 수많은 가산의 지산들과 그 주위를 둘러싸고 있는 현장의 아울렛 매장들(M, L, W 아울렛 등등)

그리고 아울렛 직원처럼 보이는 분들이 구루마(?)로 짐을 옮기는 모습들

현장은 이렇게 아울렛 매장과 가까이서 짐을 옮길 수 있는 창고용 호실들이 절실해 보였습니다. 이때 아 했지요.

창고 수요가 반드시 있어야 하는 환경이구나~

그냥 보기엔 L지산의 위치는 역세권에서는 좀 떨어져 보이나 아울렛 입지? 라는 특수성이 제가 계약하는 창고용 호실의 입지적 가치를 높이고 있었습니다.

이것은 은행 방문 후 대출 심사에서도 매력 발산이 되었습니다.

제가 가기 전 대출 담당 팀장님이 이미 현장 답사를 하고 L지산 공장 호실에 대한 나름의 실망감을 표현했었는데, 그분은 업무용 공장으로 해석을 한 탓에 아울렛 입지의 특성을 생각지 못했다고 합니다. 그분께서 창고로서의 매력으로 배움이 되었다 하셔서 나의 선택에 뿌듯함이 들었습니다.

이로써 L지산은 아울렛 입지의 가치를 증명하듯 임대수익률에서 믿기 힘들 정도의 대출과 수익률을 안겨줍니다.

참고용으로 수익률 계산한 거 올립니다.

[취득세 포함 임대수익률]

임대수익률	대출이자	중개 수수료(복비계산)	평형

임대료 추정 적정가치시세 ?

임대보증금	11,000,000 원
월세	1,100,000 원
적정가치시세	231,000,000 원

임대 수익률 계산 ?

분양가	243,251,840 원
대출금	222,000,000 원
대출금리	3.2 %

임대 수익률 계산 결과 ?

임대 수익률	59.46 %
실투자비	10,251,840 원
연간임대료 수입	13,200,000 원
연이자	7,104,000 원
연순수익	6,096,000 원
월이자	592,000 원
월순수익	508,000 원

저는 최대한의 레버리지 극대화를 위해 대출을 거의 100% 가깝게 받았습니다.

결론은 은행 대출로 저의 투자금은 거의 들어가지 않는 자기부담금 제로에 가까운 투자를 한 셈입니다.

제 돈 한 푼 안 들이고 은행 대출 이자를 내고 월순익 50만 원 이것이 지산의 매력 ㅎ

누구나 탐을 낼 만하지요? ㅎ

지산 투자는 계속된다. ㅎ

여러분 똑똑한 지산 투자로 경제적 자유 함께 해요. 이상

대구** 성공 투자 후기 마칩니다.

5 첫 월세를 받았어요! (닉네임 : *사람)

안녕하세요 :) 개인적으로 첫 월세를 받은 의미 있는 날이라 기록할 겸 글을 써봅니다. 부가세 환급된 게 있어서 자신 있게 잔액 오픈 ㅋㅋ

올 2월 즈음 아기를 낳고 회사생활 10년 만에 짧은 육아 휴직을 보내던 중, 집에 놀러 오셨던 지인의 소개로 지식산업센터라는 걸 알게 됐네요. 한동안 잊고 있었는데 투자에 관심이 많은 지인이 지산 계약했다는 이야기를 듣고 오산에 있는 지식산업센터 홍보관에 갔다가 덜컥 계약금을 넣었습니다.

지금 생각해 보면 그때 그 조직분양 하시던 분들의 연기는 가히 잊을 수 없는 명연기였습니다. ㅋㅋ

두 명 정도가 저에게 붙어 온갖 감언이설로 유혹을 하던 중 갑자기 다른 한 분이 룸으로 뛰어 들어오더니

"제조동 자리났어!"
"네???! 그 어려운 바로 완판이 됐던 제조동이 나왔다고요??"
"사모님!! 이거 지금 바로 잡으셔야 해요!!!"
"다른 팀에서 계약금 먼저 넣으면 끝이에요!!"

그 제조동 호실은 제조동 층에서도 가장 높은 층, 6층에 위치한 드라이브인이 안 되는 가장 구석 호실이었죠 ㅎㅎ 환불이 된다고는 했지만, 막상 계약금을 넣고 나니 뭔지 모를 불안감에 집에 와서 며칠을 잠도 안 자고 관련된 건 모조리 다 검색했던 기억이 납니다. ㅎ

다행히 계약금은 며칠 만에 환불받고, 많은 지린이 (지산어린이)들이 그렇듯 선투자 후검색 과정을 통해 아주 조금은 물건을 보는 눈을 기를 수 있었던 것 같습니다. (지산투에 가입하신 분들은 꼭 선검색 후투자 하시길….)
이후 쉼 없이 달려 전매 4건, 분양 2건 등등 투자에 임하고 있습니다.^^
이번 월세건은 전매 4건 중 등기를 진행한 첫 지식산업센터이고요!

전매 후 10일도 안 돼서 전매+등기 완료, 한 달 안 돼서 임대차까지 무사히 마칠 수 있었습니다.
인근 부동산을 끊임없이 돌며 해당 지산 임대건은 미션 석세스!

대출 이율은 2% 정도로 받아, 이자 빼고 제 손에는 50만 원 좀 넘게 남겠네요, 더블역세권에 800만 원 초반대 분양가 (주변 분양가 최근 1,200~1,400대) 신축 프리미엄에 준수한 수익률까지….
월세 꼬박꼬박 받으며 기다리면 어느새 제 건물의 지가도 껑충 올라있을 거라고 확신합니다. ^^

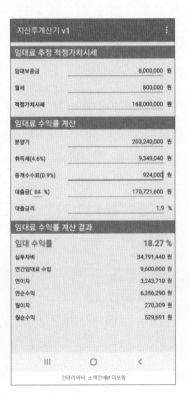

지산투계산기 v1

임대료 추정 적정가치시세

임대보증금	8,000,000 원
월세	800,000 원
적정가치시세	168,000,000 원

임대료 수익률 계산

분양가	203,240,000 원
취득세(4.6%)	9,349,040 원
중개수수료(0.9%)	924,000 원
대출금(84 %)	170,721,600 원
대출금리	1.9 %

임대료 수익률 계산 결과

임대 수익률	18.27 %
실투자비	34,791,440 원
연간임대료 수입	9,600,000 원
연이자	3,243,710 원
연순수익	6,356,290 원
월이자	270,309 원
월순수익	529,691 원

인테리어비, 소액전매P 미포함

이번 달에 곧 2호기 월세도 받을 예정인데요,
개인적인 1차 목표인 순 임대수익 500만 원이 얼른 달성됐으면 좋겠네요!
그리고 제 임차인분 사업도 날로 번창하셨으면 합니다.
건물주분들 (곧 건물주 되실 분들^^) 굿밤되세요!

⑥ 제 지인 2년간 투자 성과 공유 (닉네임 : **이야)

NO	매입가	매입년도	2021 현 시세	시세차익
1호기	38,272	2019	47,840	9,568
2호기	17,940	2019	26,325	8,385
3호기	42,846	2019	57,720	14,874
4호기	25,000	2020	32,875	7,875
5호기	44,500	2020	55,200	10,700
6호기	23,228	2020	26,400	3,172
7호기	36,000	2020	42,700	6,700
	227,786		289,060	61,274

투자 물건 개수: 7개
이자 후 월 수익: 약 200~250만(제 것이 아니라 정확히는 모름, 추산 금액)
2년간 시세 차익: 약 6억 이상

정리하다가 혼자 보기 아까워 공유합니다.

이분은 투자금이 넉넉한 편이 아니라 항상 중소형 위주로만 투자를 했어요.
개당 이자 내고 나면 손에 쥐는 건 30~50만 원.
그래도 티끌 모아 태산이라고 여러 개를 사 모으니 200 이상이 되네요.

재미를 보니 앞으로도 계속 투자할 생각이라고 합니다.
1년 전에는 돈 생기면 차 바꿀 거야 하던 사람이 지금은 돈 생기면 당연히
투자해야지 차는 무슨 ㅎㅎ

근로소득 200 + 비근로소득 200 = 월 400

근로소득 300 + 비근로소득 200 = 월 500

근로소득 400 + 비근로소득 200 = 월 600

부족한가요? 어차피 투자는 평생 할 거잖아요. 개수를 더 늘려 볼까요?

근로소득 200 + 비근로소득 400 = 월 600

근로소득 300 + 비근로소득 400 = 월 700

근로소득 400 + 비근로소득 400 = 월 800

괜찮지 않나요?

다들 열심히 공부하고 잘 세팅해서 월세 부자 됩시다~~

7 한강뷰 첫 지산 투자 후기 (닉네임 :**맨)

위 사진이 제 첫 지산 사무실 사진입니다. 영등포 소형 평수 지산입니다.
한강이 조금 보이네요. 사무실 안도 못 보고 전매 계약해서, 잔금 치르고,
처음 사무실 갔을 때 작게나마 한강이 보여서 기뻤습니다. 저층은 아파트
에 가려서 한강이 안 보이는 한강뷰라는 무서운 소문을 들어서….
작년 9월 지인 소개로 지산에 처음 입문하게 되었습니다.

그전까지 제 명의로 된 주택, 아파트 같은 부동산이 없어서, 부동산은 전혀 관심이 없었습니다.

지인 소유 지산에 다른 일이 있어 갔는데, 실제 지산을 보면서 투자 설명을 들으니, 투자에 관심이 갔습니다. 실제 보는 게 중요한 것 같습니다.

직장생활도 후반부에 와있고, 딸은 매우 어리고, 딸 대학가기 전에 직장생활 끝날 확률 매우 높고, 이것저것 노후를 고민하던 차에 지산 매우 관심이 갔습니다. 결국, 지인이 소개해준 영등포 이 지산을 작년 9월에 전매하였습니다.

선투자 후공부, 이 말은 진리인 거 같습니다. 지산이 지식산업센터 약자인지 모르고, 계약금 내고, 그 후 공부 시작하였습니다.

예전 아파트형공장이 이름 변경된 것도 그 후에 알았고요~

당연히, 전매계약서 검인, 사업자등록증 발급도 처음이었고, 초보라 힘들었던, 부가세 조기환급, 잔금대출, 등기 등 절차를 간신히 마쳤습니다.

11월에 잔금 치르고 등기치고, 생애 처음으로 등기권리증 받았을 때 기뻤습니다.

11월부터 이제 초보 2차 시험이 시작되었습니다.

임대 맞추기, 공실 극복, 공실 사무실 이자 내기, 관리비 내기, 여기저기 발품 팔아 남들에 뒤지지 않게 인테리어 하기, 이곳저곳 부동산에 임대 문의...

결국, 등기 후 3개월 차였던 올해 2월에 임대 계약을 했습니다. 부동산 말로는 임대 맞추는 시기 중간 정도 된다고 말했습니다.

처음 계약할 때, 부동산에서 3개월 안에 임대된다고 했는데, 딱 3개월 차에 임대 계약되었습니다.

지금까지 2번 월세를 받았는데, 2번 다 제날짜에 입금해 주시고, 입금 후 문자 보내주시는 성실하신 임차인분 만난 거 같습니다. 다행입니다.

서론이 길었네요.

많은 분들이 궁금해하시는 수익률은 다음과 같습니다.

전매 피 포함, 인테리어 비용 포함해도, 지산투 계산기 기준 수익률은

수익률 : 10% 이상

자기자본수익률 : 4.5% 이상

평당 임대료 : 5만 2천 원

서울에서는 양호한 수익률 같습니다.

시세 차익은 평당 약 1,300만 원 분양가를 피 주고 약 1,400만 원에 전매했는데,

요즘 매매가가 1,700만 원 넘는다는 소문이 있네요.

작은 평수라서 물론 금액은 크지 않습니다.

좋은 지산 소개해주신 지인분께 다시 한번 감사드리며, 적극적인 성격이 아닌데 지산 투자로 적극적인 성격이 되었네요.

딸 대학입학식, 결혼식도 자꾸 눈에 밟히고, 초보의 첫 투자가 운 좋게 성공한 거 같아 자신감이 생겨 2월부터 공부하면서 2~5호기 분양도 받았습니다.

2~5호기도 무럭무럭 준공되었으면 좋겠습니다.

나중에 2~5호기 투자 후기도 남기겠습니다.

그리고 초보 투자에 도움을 주신 분들께 감사드립니다.

⑧ 인생 지금까지의 부동산 투자 후기+안양2차 sk v1 투자 후기 (*룽루**)

안녕하세요. *룽루입니다.

올 1월부터 지산이 마음에 딱 들어와 열심히 지산으로 빠른 은퇴를 꿈꾸는 룽루입니다.

첫 번째 후기는 전매 후 인테리어, 임차인까지 맞춘 후 위풍당당하게 작성하고 싶어서 기다렸는데 정말 황당한 일이 생겼죠.

인테리어 이후 부동산에 내놓은 지 3일 만에 입주하겠다고 가계약금을 걸어서 너무 놀랐고 아주 신이 났었죠.

가계약금 후 계약서 작성을 자꾸 미뤄서 기다리던 중 (거의 2달…)

계약서 쓰려고 날짜를 잡아서 안양까지 아침부터 일찍 갔는데 … 계약서 쓰는 시간에 도망갔다는…하….

입주장에 중요한 2달을 홀랑 낭비해 버리고 도망가 버린 예비? 임차인… 하….

정말 이렇게 예의 없는 사람과 계약을 맺지 않아 다행이라고 위로하며 어쩔 수 없이 첫 후기를 씁니다!

1. 저는 시간적 자유를 꿈꿉니다

대학/석사 졸업 후 취업만 하면 성공한 인생이라고 생각하여 열심히 취업준비를 했더랬지요.

전 남들 다 가는 어학연수나 해외여행도 못 가본 촌년? 입니다 ㅋㅋㅋㅋㅋㅋ 걍 열심히 공부해서 취직해야지!! 이 생각만 가득차 있었죠. 그래서 좋은 회사에 다니고 있고 남들이 보기에는 남부러울 것 없어 보이지만 회사 일이 쉽지만은 않더라고요.

회사 일이 아주아주 힘들어 정말정말 퇴사를 해야 숨을 쉬고 살겠구나 라는 생각을 하게 되는 시간이 저에게도 찾아왔습니다.

그때 퇴사를 하면 무엇을 해야 할까를 진지하게 생각해보게 되면서 스스로 나 자신에 대해 알게 됩니다.

전 사실 하고 싶은 게 정말 많은 사람이었습니다.

빨리 나에게 시간적 자유를 달라!!!

2. 부동산에 눈을 뜨다!!

15년도 출산을 하고 애를 키우니 집을 사자!! 라는 생각이 자연스럽게 들었습니다.

남편과 집을 사려고 16년부터 알아보고 청약에 덜컥 당첨되었습니다. (그때는 경쟁률이 그렇게 세지 않았어요!!)

그리고 중도금 이자만 벌어보자! (그땐 4% 이자였던 듯)

라는 생각으로 중도금 넣을 돈으로 그 근처 재개발을 삽니다.

지금 생각해보면 재개발의 ㅈ 자도 모르고 그냥 묻지마 투자였던… 재개발 절차도 몰랐으니 어쨌든 선투자 후 공부를 몸으로 체험하며 지금은 재개발 러버입니다. ㅋㅋㅋㅋㅋㅋ (내 돈 들어가면 공부하게 된다지. ㅎㅎㅎㅎ) 부동산 + ㅁ + 너무 재밌다!!! 라고 생각을 하게 됩니다.

3. 부동산도 분야가 너무 많다!!

그러다 내 마음속의 꿈을 이루어보자! 라는 생각에 서울 강북 쪽에 빨간 벽돌 단독주택(80년대)을 매입해 신축하거나 혹은 다가구 매입 후 가치 상승을 하는 방법들을 꿈꾸며 열심히 공부하는 와중이었습니다. (100만 원짜리 인강 수강 ㅎㅎㅎㅎㅎ)

어머니가 마침 은퇴 시점이라 거주하고 계신 재개발 빌라를 매도하여 이 플랜을 실행에 옮겨 봅니다. (19년)

신축은 자금 여력으로 포기하고 노후 다가구를 매입하셨고 3~4달간 그 주변 매물은 전부 보고 새로운 것들은 바로 보러 나가고 (힘들었지만 재밌었네요.)

결정이 어려운 부분들은 전 항상 전문가의 컨펌을 받았습니다.
노후 다가구/신축 시에는 또 제가 여쭤보는 전문가들이 있죠 ㅎㅎㅎㅎㅎ 사실 모두의 전문가나 다름없는데 책의 유명한 저자를 직접 찾아가거나 유명 블로거도 거침없이? 찾아갑니다. ㅎㅎㅎ

그래서 어머니가 주인 세대에 거주 가능한 7세대의 다가구를 매입하셔서 현재 거주 중이십니다.
매번 임차인이 나갈 때마다 all 수리를 통해 주변 시세 최고가에 임차를 맞추고 있습니다.

4. 주택을 더이상 늘릴 수 없다!!!

큰일입니다. 정부 정책에 따라 더이상 주택을 늘릴 수 없는 상황이 되어 20년 초부터는 상가 공부를 하기 시작했습니다.

새로운 분야에 도전할 때는 항상 책을 여러 권 읽고 유료 강의를 듣고 임장을 가는 편인데 이번에도 몇몇 관심 있으신 분들을 모아 상가 study를 진행하는 데 그 중 '지산'을 처음 만나게 됩니다.

하지만 관심이 없었지요…. 흑흑흑

스터디원 중 부모님이 지산을 가지고 계신 분이 있어 그분에게, 지산을 마스터 후 우리에게 전도해주시오~~~,

라고만 하고 관심은 저 먼 곳으로~~~

5. 지산투를 만나다!!

그러다 인터넷 서칭 중 우연히 지산투 카페를 발견합니다.

그야말로 충격충격! 올해 1월이었는데 내가 찾던 것이 바로 '지산'이구나 ㅎㅎㅎㅎㅎㅎㅎㅎ

그냥 바로 남편에게 우리 자산 해야 해!!!

고대~로 실행 중입니다.

공부하다 고민하다 남편이 또 질러줍니다.

선투자 후공부 해보자!! 일단 질러 고민 그만하고!!

라고 해 주셔서 일단 차근히 지르는 중입니다.

지산을 만나고, 지산투를 만나고 은퇴가 살짝 실루엣이 보일 만큼은 가까이 왔다는 사실이 믿기지 않네요.

아직 배울 것도 많고 고수분들 따라가려면 멀었지만

챤챤히 여기 고수분들께 배워가는 중입니다.

6. 전매 한번 해보다!!! 프리미엄 내다!!

금정 2차 sk v1에 침을 한창 흘리고 있을 때였습니다.

침을 한발 늦게 흘리는 바람에 (분양이 막 끝난 시점)

피를 주고 사야 하나 한참을 고민하다 안양2차 sk v1으로 눈을 돌려봅니다.

그래!!! 이걸 사자!!

클러스터의 시너지는 그대로이면서 평단가가 더 저렴하기 때문에 임차만 맞추면!! 자연스럽게 수익률은 배가되는 ^^ 므흣

7. 인테리어를 하다!!

인테리어도 가성비 좋게 예쁘게 나와서 참 만족스럽습니다!

이제 임차인만… ㅎㅎㅎㅎ악ㅋㅋㅋㅋㅋ

사진 한번 살짝 보실까요??

깔끔쓰~~~

워후 쓰다보니 제 인생의 부동산 투자기를 적은 거 같네요.

오늘을 시작으로 점차 투자 후기와 활발한 활동 기대해주세요 ^^ 후훗

⑨ 디지털도어락 설치로 임대차 선물을 드렸습니다. (해피***)

안녕하세요

지산 초보 투자자 해피***입니다^^

지린이라 많이 부끄럽지만, 용기를 내어 후기를 올립니다.

올 초 운영하던 셰어하우스를 정리하고 (코로나 미워요 ㅜㅜ) 새로운 현금 흐름을 만들기 위해 지식산업센터에 투자하였습니다. 평촌에 있는 신축 지하 공장을 공실임에도 겁도 없이 덜컥 계약했습니다.

너무 착한 가격이라 (평당 450만 원) 혹했던 거 같습니다.

소개받은 은행을 통해 거의 90% 대출을 받았습니다.

(너무나 감사드립니다^^)

3월 말로 넉넉히 잔금일을 잡아주셨는데, 개인적인 사정으로 (다른 지산 중도금 대출 실행으로 인해 어쩔 수 없이 ㅜㅜ) 3월 초로 앞당겨 잔금을 치렀습니다.

안양/평촌의 분위기가 최근 바뀌어, 임대를 찾으시는 분들이 매매로 많이 넘어가셨다는 얘기를 전해 들었습니다. ㅜㅜ (왜 이때요?)
은행 이자와 관리비는 저의 몫이었습니다.
그럼에도 워낙 착한 가격에 매입해서 그런지 공실에도 발은 뻗고 잔 지린이였습니다. ㅎㅎ

약 3개월 정도의 기다림 끝에 드디어 임대차 계약을 했습니다.^^

물론 단기 임차라 아쉽긴 하지만 임대차를 맞추었다는 사실에 만족하고, 다음 장기 우량 임차인을 기다려 보려고 합니다.

지하 공장이라 인테리어는 안 했고요, 방화문 키로 여닫는 것이 불편할 거로 생각하여 주말에 디지털 도어락을 설치했습니다.

편하게 오래오래 잘 사용해 달라는 마음을 담아 도어락 손잡이에 기운을 넣고 왔습니다.^^

마지막으로 지산투계산기 수익률 올려봅니다.

지산투계산기 v1	⋮
임대료 추정 적정가치시세	
임대보증금	1,000,000 원
월세	1,200,000 원
적정가치시세	241,000,000 원
임대료 수익률 계산	
분양가	253,900,000 원
취득세(4.6%)	11,679,400 원
중개수수료(0.9%)	500,000 원
대출금(90 %)	228,510,000 원
대출금리	2.67 %
임대료 수익률 계산 결과	
임대 수익률	**22.69 %**
실투자비	36,569,400 원
연간임대료 수입	14,400,000 원
연이자	6,101,217 원
연순수익	8,298,783 원
월이자	508,435 원
월순수익	691,565 원

(정상적인 보증금을 받으면, 30%대 수익률을 기대해봅니다^^)

⑩ 나의 지산 1호기 (은수**)

용기내어 투자 후기 공유해 보겠습니다.
처음 지산 투자를 시작한 것은 2017년 여름 즈음이었습니다.

그전에는 자가 주택까지는 겨우겨우 마련하였지만, 월급만으로는 노후를 대비하기가 힘들 것 같은 불안감을 항상 느끼고 있었고, 대책으로 주택 임대를 통한 월세 수익을 생각하게 되었습니다.

당시 목표는 주거지 근처에 토지를 구입하여 다세대 주택을 짓고, 처음에는 전세로 놓다가 서서히 월세로 전환하여 노후에 경제적 자유를 이루는 것이었습니다. 그러나 주거지 근처는 자본 부족으로 포기하고, 대안으로 경기도 외곽에 저렴하고 낡은 다가구 주택을 구입해서 수리 후 임대사업을 시작하였습니다.

다가구 주택의 임대는 실제 해보니 애초 생각했던 것과는 많이 달랐습니다. 우선, 입지가 좋지 않은 낡은 구축이라 임대 자체를 놓는 것도 쉽지 않았지만, 임차인의 거의 대부분은 전세만 구하고, 월세 찾는 임차인은 거의 없어서 계획했던 월세 수익의 절반도 달성하기 힘들었습니다.

또한, 낡은 구축을 구입한 탓에 여름과 겨울에는 세입자들의 민원에 정신적 스트레스도 있었고, 주거지와 거리도 멀어서 거의 돈으로 민원을 해결하다 보니 그나마 작은 수익은 점점 더 줄어들고, 전세 세입자의 계약 만료일이 가까워져서 새로운 세입자를 구하지 못하면 전세 보증금 돌려줄 걱정 등에 시달리다 보니 나중에는 애물단지 같은 생각이 들었습니다. 지금은 다행히 수익은 거의 보지 못했지만 정리하고 편하게 지내고 있습니다.

다시 2017년 여름 지산 투자하기 전으로 돌아가서, 월세 수익에 대한 갈증을 느끼고 있던 저에게 그 당시 평촌 지산에 처음 투자하신 어떤 고마운 현자께서 지산이라는 것이 있다고 알려주셨고, 아는 부동산에서 한번 물건을 보라고 해서 처음 접했습니다.

우선 대출 없이도 수익률이 6% 이상 나오는 점에 반했고, 회사에게 월세를 받으니 월세 걱정 없고, 관리도 용이하고, 대출도 많이 나오고 등등 장점이 너무 많은 것 같습니다(그 당시 약 75% 정도). 무엇보다도 4억 정도 되는 물건을 1억 정도 투자해서 사면 이자 빼고 안정적으로 100만 원 이상 월세를 받을 수 있다는 사실이 너무 맘에 들고, 이런 수익률로 꾸준히 사 모으면…. 경제적 자유를 이루겠다는 생각에 흥분이 되었습니다. 다음날 당장 소개받은 평촌 부동산으로 향합니다.

방문한 부동산에 물어보니, 현자께서 알려주신 물건(평촌 금강펜테리움 IT타워)은 이미 모두 팔렸고, 대신 다른 물건을 소개해 주십니다. 주로 평촌 오비즈타워 물건이었고, 평당 약 670만 원 정도인데, 인테리어가 하나도 안 되어 있는 깡통 물건입니다. 그나마, 평촌스마트베이에 평당 650만 원짜리 3면 코너 호실 하나를 보여주셨는데, 인테리어도 그럭저럭 잘 되어 있고 맘에 들었는데, 천장에 배관이 노출되어 있는 점이 마음에 걸려서 포기합니다(지금 생각하면 전혀 문제가 아니었어요). 그날은 그렇게 별 소득 없이 귀가하였습니다.

그리고 그날 저녁부터 열심히 지산에 대해 알아봅니다. 물론 아무것도 아는 것은 없어서, 그저 코너 호실이 좋은 거라는 정도만 알면서 네이버 부동산, 블로그 등에 올라와 있는 물건을 검색하였습니다. 그중에서 한 개의 물건이 갑자기 눈에 들어옵니다. 가격은 지금 잘 기억나지 않지만, 오비즈타워 고층 코너 호실 포함한 2개의 터진 호실인데, 가격은 약 평당 660만 원 정도에 나온 것 같습니다. 소유주가 쓰다가 판교로 이전하면서 공실 매물로 나와 있다고 합니다.

이전에 방문한 부동산 사장님에게 제가 검색한 물건도 가지고 있냐고 물어보고, 물건을 보러 갑니다. 이제 지산 투자를 시작하려는 지린이에게 오비즈타워 고층 코너 호실은 처음 보자마자 맘에 뽕 듭니다. 이때 부동산 투자에 별 관심이 없지만 물건 보는 안목이 있을지도 모를 와이프도 데려갔는데, 괜찮다고 합니다.

와이프의 제가를 득하고, 이제 이 물건을 사야겠다고 마음먹고 부동산 사장님에게 네고를 요청하여 평당 10만 원 정도 깎아서 평당 650만 원에 첫 지산으로 오비즈타워 고층 코너 포함 2개 호실을 구입하였습니다.

구입시 대출은 매매가의 75% 정도를 받았습니다. 이 당시는 이 정도 받는 것이 적당하다고 생각했는데, 지금 생각해보면 은행에 한도를 조금 더 높여 달라고 하고, 안 해주면 다른 은행도 가고 해서 최대한도로 받았어야 했습니다만, 아무것도 모르는 지린이라 어쩔 수 없었어요.

이렇게 구입을 마무리했지만, 실거주 매도인에게 매수한 것이라 임대를 맞춰야 합니다. 그런데 매수한 지 3개월이 지났지만, 임대가 잘 나가지 않습니다. 매수 중개한 부동산 사장님만 믿고 있었는데, 너무 안이하게 대응했던 것 같아요.

3개월의 공실 후 점점 지쳐가고 있을 때 단기 임대 3개월 들어온다는 분이 있었어요. 단기 임대는 별로라는 생각을 하고 있었지만, 찬밥 더운밥 가릴 처지가 아니라 우선 임대를 맞추었고, 그분은 3개월 후 깨끗이 정리하고 나가셨어요. 그런데, 단기 세입자가 나간 시점이 2017년 말이었는데, 지산 임대에 성수기 비수기가 있다는 것을 알게 됩니다. 그때부터 지산 임대 시장은 성수기였던 것이지요. 생각하는 최고 가격에 임대를 내놓았고, 1달 정도 공실을 겪은 후 최고 가격에서 조금 내린 임대가로 드디어 정상적인 2018년 2월부터 2년 계약 임차인을 들였습니다.

이후부터는 탄탄대로(?)였는데, 새로 오신 임차인은 월세도 제날짜에 꼬박꼬박 입금해 주시는 고마우신 임차인이었는데, 입주하신 지 1년 만에 이전을 하신다고 합니다. 물론 이때는 임대료를 계속 받으면서 임차인이 새로운 임차인을 구하는 것이라 부담이 없었어요. 그러길 3개월 정도 지나니 새로운 임차인을 2019년 7월에 구했고, 이분은 1년도 지나지 않은 2020년 초에 새로운 임차인 구하면 나가신다고 하시네요. 2번 연속으로 임차인이 1년 정도밖에 안 계시는데, 이게 뭔가 기운이 안 좋은 게 아닌가라는 느낌이 들었어요.

그렇게 임차인이 나가고 싶다고 한 지 한참이 지났는데, 새로운 임차인이 생각보다 잘 구해지지 않습니다. 차츰 걱정되면서, 이러다가 그냥 임대차 기간이 끝날 수도 있겠다는 약간의 불안감이 생기기 시작했어요. 그때쯤 아는 부동산 사장님에게 연락이 와서 ****라는 대기업 임차인이 관심이 있다면서 여러 가지 사항들을 요구합니다. 잘 될 것 같은 느낌이 들었는데, 그 이후로 1달 넘게 연락이 없습니다. 궁금함을 참을 수 없어서 전화했는데, 연결해주신 부동산 사장님이 잘 안된 것 같다며, 본인도 포기하였답니다. 그렇게 대기업 임차인은 포기하고 2주 정도 더 지났는데, ****에서 다음 날 당장 계약서 작성하고 그다음 날부터 인테리어하고 입주한다고 연락이 왔다고 합니다. 이건 뭐지 하면서, 갑자기 기분이 좋습니다. 룰루랄라 새로운 임대차 계약을 하고, 2020년 11월부터 저는 지산으로 대기업에서 월세 받는 월급쟁이가 됩니다. 대기업은 결정은 늦지만, 결정하면 실행력 하나는 끝내준다는 것을 깨닫습니다.

말은 많고, 알맹이는 별로 없는 것 같습니다.

정리하면, 매매가 8억 정도, 대출 75%, 실투자금 대비 수익률 19%로 대기업에서 꼬박꼬박 월세를 받습니다. 이 물건 이후 저는 지산빠가 되어 오직 지산에만 관심을 갖고 지산 투자만 하게 됩니다.

🔟 나의 지산 4호기 (**파파)

4호기는 일반매매가 아닌 분양을 받았습니다. 다만, 정시에 분양을 받은 건 아니고, 시행사가 막판에 내놓은 보유분을 받았습니다.

당시에 제가 알던 정보는, 평촌에 새로 입주 예정인 지산이 3개(평촌 아이에스비즈타워, 평촌 디지털엠파이어, 평촌 하이필드) 있는데, 이 중에서 평촌 하이필드가 제일 좋다는 것이었습니다. 물론 분양이 모두 끝난 상태라 크게 관심을 두고 있지는 않았는데, 우연히 인터넷 검색 중에 평촌 하이필드 시행사 보유분을 분양한다는 광고를 봅니다.

북향 코너 호실 3개 포함 4개 호실이었는데, 코너 호실 홀릭이었던 저는 갑자기 마구마구 분양이 받고 싶어집니다. 자금 사정상 2개 정도만 받고 싶었는데, 4개 호실 전부 아니면 안 판다고 하여, 아는 지인에게 2개씩 같이 사자고 제안하였지만, 너무 비싸다고 합니다. 당시 분양가가 평당 740만이었는데, 인근 평촌 오비즈, 금강펜테리움 등 평당 700만 이하에도 살 수 있는 상황이어서, 그다지 매력적인 가격은 아니었습니다. 그럼에도 저는 왠지 느낌이 좋아서 포기하지 않고, 잔금 등의 걱정은 뒤로 미룬 채 무리하여 4개 호실 모두 계약하였습니다.

이후 잔금을 치를 때까지 끊임없이 자금을 정리하면서 잔금을 무사히 치를 수 있을지, 임대는 맞출 수 있을지 걱정하면서 잠 못 이루는 일이 많아집니다. 차라리 분양 계약금으로 오비즈 등의 일반 매물을 샀으면 바로 월세를 받을 수도 있고, 분양 계약과 잔금일 사이의 긴 갭으로 오랜 시간 잔금 치를 걱정을 하지도 않았을 것이라는…. 그런데도 이따금 평촌을 방문하여 건물이 올라가는 모습을 바라보면 뿌듯하기도 해서 기분이 좋았다 나빴다를 끊임없이 반복합니다. ㅜㅜ

다행히(?) 준공 전에 친한 부동산 사장님이 4개 호실을 한번에 쓸 임차인을 구해주었는데, 입주를 1달 앞두고 갑자기 사정상 계약을 해제하자고 하여 맨붕이 되었습니다. 정신없는 와중에 XX은행에서 3개 호실에 대해 개인에게 본점 승인 없이 해줄 수 있는 최고 한도인 10억까지 해주겠다고 하고, 다른 은행에서 나머지 호실에 대해 90% 대출을 해주겠다고 하여, 전체적으로 약 87% 정도 대출을 받아 잔금을 겨우 치릅니다.

준공 후 홀로 가서 바라본 호실의 전망은 기대 이상으로 너무 훌륭했습니다. 임대가 되건 말건 보고만 있어도 마음이 힐링되어 핸드폰 배경 사진으로 한동안 사용합니다.

현실은 관리비 포함 월 500만 원 가까운 비용에…. 그러길 하늘에 빌고 빌어 운이 닿았는지 1달 정도 공실을 버티고 4개 호실을 모두 쓰겠다는 임차인이 나타났습니다. 그런데 회사 내규상 1년씩 계약하겠다고 합니다. 그 부분이 마음에 걸렸지만, 비용의 압박을 고려하여 계약을 진행하였습니다. 다행히 현재까지 매년 임대료도 조금씩 올려서 계약을 갱신하고 있습니다.

정리하면, 분양가 약 16억, 대출 약 87%, 실투자금 대비 수익률 약 23%

⑫ 나의 지산 5호기 (**파파)

2020년 3월…. 4호기를 투자하고 1년 이상 추가 투자 없이 지내면서, 주위 지인의 성공 투자 소식이 전해져 옵니다.

몸이 근질근질…. 배운 게 지산 투자…. 그것도 평촌 지역밖에 몰라서…. 친한 부동산 사장님을 졸라 봅니다. 좋은 물건 있으면 소개해 달라고, 본인은 바로 계약금 쏠 수 있는 준비된 투자자라고 강조합니다. 그런데 소개해 주시는 물건이 그다지 맘에 들지 않습니다. 그 당시만 하더라도 물건을 나름(?) 골라서 매수할 수 있는 시기였는데, 인테리어 하나도 안 되어 있는 깡통 물건 또는 너무 특이하게 되어 있어서 맘에 들지 않는 물건만 소개해 주십니다. 그래서 가격이라도 좀 깎아달라고 했더니…. 매도자한테 깎아서는 안 팔 거니 아니면 말라고 바로 까입니다.

뭔지 모르게 자존심이 약간 상해서 다른 지역을 알아보기 시작합니다. 네이버 부동산으로 여기저기 지산 매물이 있는지 알아보기 시작합니다. 성수, 문정, 영등포부터 보기 시작하는데, 가격이 너무 비싸서 월세 수익이 거의 안 나와 포기합니다. 그러다가 우연히 강서구 가양동 지역을 살펴보기 시작하는데, 9호선 증미역 초역세권인 한화비즈메트의 평당 8백만 원 초반으로 가격이 매우 착한 것을 발견합니다. 그리고 그중에서 코너 물건이면서 매도자가 괜찮은 가격에 바로 임대하겠다는 물건이 유독 관심을 끕니다. 그때부터 우선 인터넷으로 가양동 지산에 대해 발품을 파는데, 누구는 좋다고 그리고 누구는 안 좋다고 그리고 의견이 갈려서 쉽사리 판단이 안 됩니다.

그다음부터 혼자 여러 가지 생각에 들어갑니다. 서울 9호선 초역세권에 이 정도 가격이면 땅값만 생각해도 괜찮은 가격이고, 안 좋다고 하는 의견은 마곡에 오피스 대량 공급으로 인해 임대 경쟁이 심하고 이에 따라 임대료도 하락한다는 것인데, 이 건은 현 매도자가 좋은 가격에 장기 임대 계약을 체결해 준다고 하니…. 시간이 문제를 해결해주지 않을까….

이 일대는 좋아지면 좋아졌지 나빠질 것은 별로 없을 것 같다는 근거 없는 생각이 자꾸 머리를 맴돕니다. 게다가 한화비즈메트로는 당시에도 공실은 거의 없었습니다.

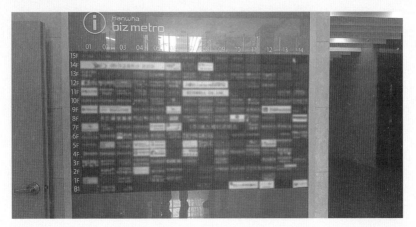

우선 긍정적인 방향으로, 우선 아는 은행 지점장님에게 계약 전 대출 가능 금액을 문의합니다. 이 건의 경우 87% 정도 대출 가능하다는 확인을 받고, 자금 여력 계산해 보니 겨우겨우 할 수 있을 것 같습니다.

대출 확인받고, 바로 매도인과도 가격 협상에 들어갑니다. 지금 생각해 보면 그 당시 매도인이 사정이 어려워서 어느 정도 팔아야 될 이유가 있어서 상대해 준 것이고, 그렇지 않았다면 바로 아웃되었을 것 같습니다. 여차여차해서 매도자의 몇 가지 요구 조건을 들어주는 조건으로 목표한 네고 금액의 절반 정도로 네고에 성공하였습니다.

그런데 마침 팬데믹으로 전 세계 주식이 폭락하고 모든 것이 매우 어수선하고 불확실한 상태에 돌입하기 시작하고, 주변 지인은 주가가 900 이하로 떨어질 것이라 예상까지 하고, 대출을 알아봐 준 은행 지점장님은 금리가 계속 오를 거라고 합니다. 이런 위험한 시기에 인생 최고액의 투자를 기획하고 있었는데, 갑자기 너무 두려운 마음이 들어서 없는 걸로 할까라는 생각도 들었습니다.

특히, 가양 지역은 공항이 가까워 공항과 연계된 물류 및 관광 관련 업체들이 많이 입주하고 있는데, 이런 업체들이 팬데믹으로 어려워지면 가뜩이나 좋지 않은 일대 임대 시장이 더 악화될 것 같은 생각이 들었습니다.

그렇게 고민이 깊어지던 와중에, 코로나19가 그리 오래 가지 않을 것 같다는 생각(물론 틀린 생각이죠),

미래 가치를 생각하면 지금 기회가 왔을 때 잡아야 할 것 같은 생각, 3년 고정금리로 받으면 3년 정도 시간을 벌 수 있고 그 정도면 위기는 지나갈 것 같고, 매매가격이 이전에 경매 낙찰 사례보다도 10% 정도 저렴해서 더 떨어지기는 어려울 것 같다는 여러 가지 긍정적인 생각과 그리고 무엇보다도 거의 대기업 신입사원 월급에 해당하는 예상 월세 수익에 대한 욕심에 덜컥 매수 계약을 체결하였습니다.

팬데믹에도 임차인의 사업이 잘되기를 빌면서… 마무리 지었는데… 다행히 그 이후로 사업도 잘되시는 것 같고, 임대료도 잘 보내주셔서 감사히 생각하고 있습니다. 그리고 최근 마스터밸류 에이스 분양 정보를 보니, 음… 왠지 모를 뿌듯함이….

🔟 임대차는 노력! 시즌2 (*사람)

지난 안양 투자 후기에 이어, 임대차 후기도 남겨 봅니다.
지식산업센터 투자를 하면서 가장 큰 리스크는 아무래도 무시무시한 공실이 발생하는 부분인데요, 공실이 1개월만 발생을 해도 대출 이자+관리비+받아야 할 임대료 기회비용까지…. 연수익률을 성큼성큼 까먹습니다.
스트레스와 소줏값은 덤이구요 ^^;

저는 다행히도 앞선 1호기, 2호기, 3호기 임차를 맞추면서 잔금 후 2개월 이내에 모두 임대차를 맞출 수 있었습니다.

앞선 1~3호기의 경우 공실 기간이 짧을 수 있었던 이유는 모두 역세권 입지에 소형 호실로 임차 수요가 충분했고, 잔금을 최대한 빨리하고 남들보다 빨리 풀 인테리어를 마무리해서 임차인을 기다렸기 때문입니다. 주변에 입주장이 열리는 다른 지산도 없었습니다.

10곳 이상의 부동산에 물건을 의뢰드리고 10일에서 15일 정도에 한 번씩 문자나 전화를 드리면서 제 물건을 잊지 않으시도록 '저 공실이에요'를 알리니 다행히 성공적으로 임대차를 모두 맞출 수 있었습니다. 근데 이번 4호기의 경우 상황이 좀 많이 달랐습니다.

우선 입주장이 끝나지 않은 2개의 주변 지산이 있었습니다.

또 처음으로 10평대가 아닌 20평대 호실을 전매하게 되었고, 1개 호실도 아닌 다중 호실을 매수하게 되면서 호기롭게 전매했지만 과연 임차를 잘 맞출 수 있을지 어떻게 맞춰야 잘 맞췄다고 소문이 날지 ㅠㅠ 밤에 잠을 잘 못 자는 지경에 이르게 됩니다. 1개월 이자+관리비만 웬만한 직장인 급여 이상이었거든요;^^;

여러 경우의 수가 있었습니다.

1. 하던 대로 각 호실의 인테리어를 빨리 한다.
2. 인테리어까지는 아니더라도 우선 각 호실 벽을 다 트고 확장까지만 해 둔다.
3. 어떻게 나갈지 모르니 인테리어 지원 가능하다고 하고 우선 열심히 임차 마케팅을 한다.

이 중 주변에 유사 상품인 개별 호실이 (10평대, 20평대) 너무 많았기 때문에 대형 평수가 희소성 있다고 생각하고 3번으로 방향을 정한 후 아래 방법들을 시도했습니다.

[최대한 많은 부동산에 물건 내놓기]

금정역 인근 부동산들에 모두 전화를 돌려서 물건 브리핑과 임차를 요청했습니다. 임차는 해당 지역 인근 부동산이나 해당 지산 입점 부동산이 맞출 확률이 가장 높습니다.

전화로만 하면 소장님들이 다 기억을 못 하실 수 있으니 전화 종료 후, 미리 포스팅해 둔 블로그글 (호실 설명, 사진)과 임차 조건을 문자로 남겨두었습니다.

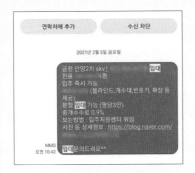

금정역 인근 부동산 외에도, 해당 지산을 네이버에서 검색하여 물건이 올려져 있는 모든 부동산에 물건을 의뢰드렸습니다. (블로그나 카페 활동 활발히 하시는 부동산에 의뢰하시면 임차 맞출 확률 더 up)

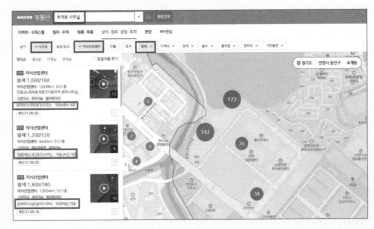

네이버 부동산에서 '영등포 사무실' '가산동 사무실' 등을 검색하셔서 조건을 사무실, 지식산업센터로 설정하시고 아래 나오는 매물에 부동산명을 클릭하시면 대부분 핸드폰 번호가 기재되어 있습니다. (사무실과 지식산업센터 2개 각각 매물을 올리시는 소장님들이 많이 계시니 꼭 중복으로 검색하세요)

광고를 많이 올리신다는 건 그만큼 열심히 영업하신다는 이야기이고, 임차를 구하시는 사장님들도 대부분 네이버에서 매물을 검색 후 문의하십니다. 또 저는 금정을 알아보기 전, 평촌 쪽 물건도 엄청나게 찾아다녔기에, 인연이 있는 평촌 부동산 소장님들께도 물건을 의뢰드렸고 마찬가지로 네이버에서 평촌사무실 광고를 하시는 부동산들에도 의뢰를 드렸습니다.

직장인이기에 전화통을 계속 붙잡고 있을 수는 없어 문자로만 의뢰드린 부동산도 많았는데, 그때는 답장이 없다가도 추후에 사무실 나갔냐고 문의하시는 부동산도 많았습니다. 물건을 의뢰드렸을 때 불친절하거나 마다하시는 소장님은 단 한 번도 본 적이 없는 듯합니다. 그분들도 가지고 계신 물건이 많아야 다양한 임차 손님의 니즈에 맞출 수 있기 때문에 최대한 많은 부동산에 물건을 의뢰하세요!

단, 전속 중개가 아니라면 임차조건은 동일하게 의뢰하셔야 나중에 뒤탈이 없습니다. 요즘 임차인분들도 비교가 생활화되어 있으셔서 "A부동산은 이 조건인데, 왜 다르게 브리핑하시냐" 소리가 나오면 부동산도, 임대인도 난감합니다. 제 경우 대부분의 부동산에 인테리어 지원 조건으로 보증금, 월세를 내놨는데 A부동산이 광고를 인테리어 안 해주는 조건에 보증금, 월세로 조금 낮게 광고를 올리셔서 계약을 고려 중이던 임차인이 그걸 보고 딜을 하셔서 결국 임대료를 조금 조정해 드린 일도 있었습니다 ^^;

[소장님들에게 Special 손님 되기]

입주장에서 부동산 소장님들은 나의 하나님, 부처님, 알라신입니다. 소장님들도 사람이기 때문에 좀 더 애정이 가는 손님, 한 번이라도 얼굴을 본 손님 물건을 먼저 브리핑합니다. (물론 제일 중요한 경쟁력 있는 물건이라는 가정하에) 직장에 매인 몸인 저는 주말을 적극적으로 활용하여 금정 인근 부동산에 얼굴도장을 찍으러 다녔습니다. 빈손으로 가기 그래서 커피를 사서 방문하기도 하고, 물건 보여 주신다는 연락 받으면 감사의 의미로 기프티콘도 보내드리고 그렇게 친해진 소장님들은 확실히 더 신경써 주시는 느낌을 받았습니다.

가장 우선은 소장님들이 분양시킨 물건, 그분들 지인 물건이 가장 우선이
지만 그다음은 제 물건이 되었으면 하는 마음으로 열심히 마음을 전달했던
것 같습니다. 실제로 모 소장님께는 '나한테 분양 안 받은 죄야. 좀만 더 기
다려.' 이야기도 들었습니다 ㅎㅎ

[개인적으로 광고해 보기]

확률이 아주 낮은 방법이긴 합니다. 우선 운영하시는 블로그나 활동하시는
카페 등에 글을 올리시면 인터넷에 노출이 되면서 직거래 가능성이 있습니
다. 저는 이번에 부동산들이 하는 키워드 광고를 직접 올려봤습니다.

키워드	노출수	클릭수	클릭률(%)	평균클릭비용(VAT포함,원)	총비용(VAT포함,원)	평균노출순위
금정역사무실	237	7	2.96	3,185	22,297	2.5
안양사무실임대	160	4	2.5	2,071	8,283	10.3
금정역사무실임대	33	1	3.04	1,419	1,419	1.5
안양2차SKV1	339	2	0.59	490	979	5.6
안양사무실	27	1	3.71	781	781	18.4
호계동사무실임대	19	1	5.27	605	605	1.8
평촌대형사무실	27	2	7.41	286	572	2.1
안양SKV12차	41	1	2.44	308	308	3
금정SKV1임대	19	2	10.53	66	132	1
동안구사무실	132	1	0.76	99	99	1.9
금정대형사무실	2	1	50	77	77	1
금정역SKV1임대	10	1	10	77	77	1.5
안양SKV1임대	5	1	20	77	77	1
안양대형사무실임대	10	1	10	77	77	1.9
안양동안구사무실	10	1	10	77	77	1

약 한 달 반 정도 광고 결과, 노출 1,071회, 27회 유입이 발생했고, 비용은 3만 6천 원 정도가 들었습니다. 문의는 아쉽게도 0통이었네요;^^;

미리 충전해 놓은 돈이 좀 남아 있는데… 광고가 필요한 회원분이 계신다면 재능기부 가능합니다! ㅎㅎ

효과는 보장 못 함 -_ㅜ

[팜플렛 만들어서 내 지산 홍보하기]

아시는 분이 공실인 호실을 인테리어를 하신 후, A4용지에 홍보물을 만들어 부동산에 돌리시는 걸 본 적이 있습니다.

그리고 얼마 안 있다가 호실이 나갔다는 이야기를 듣고 더 절실했던 저는 A4용지가 아닌 다이소에 가서 파일을 20개 정도 구매합니다.

그리고 주말에 회사에 나와 '내 지산 홍보하기' 자료를 PPT로 만들어 회사에서 몰래 20부를 칼라로 프린트했습니다. (이런 거라도 루팡을.....ㅋㅋ)

그리고 그길로 금정으로 가서 인근 부동산에 파일을 돌리며 브리핑해 드렸습니다.

금정역 바로 앞에 있는 모 부동산 사장님께서는 그걸 보시더니, 임대인이 이렇게까지 가져오는 건 처음 본다시며 임대인의 자세가 되어 있다고 ㅎㅎㅎ 칭찬도 들었습니다 ^^;;

입주 지정기간의 경우 잔금을 하기 전까지는 입주지원센터에서 키를 보관하는데 보통 호실을 볼 수 있는 시간이 9시 ~ 5시 정도입니다. (저는 잔금을 하는 순간 전체 60% 이자가 아닌 90% 이자에 관리비까지 내야 했기 때문에 잔금을 최대한 미뤘습니다.)

저렇게 홍보자료가 있다면 소장님들도 방문 손님에게 브리핑하기도 쉽고, 인테리어를 미리 해놓은 호실이 아니기 때문에 인테리어 예시 사진을 넣으면 설명도 수월합니다.

실제로 5시 이후 방문하시는 임차고객이 계셨는데, 입주지원센터 업무가 종료돼서 저 홍보자료로 브리핑하셨고, 성사는 안 되었지만 긍정적인 검토가 오고 갔었습니다 ^^

결론적으로 저는 이렇게 공을 들인 금정역 인근 부동산에서는 여러 예비 임차인을 붙여주셨지만 성사되지 못하였고… 문자만 보냈던 평촌에 위치한 부동산에서 인테리어를 일부 지원해주는 조건으로 우량 임차인에게 2년 임대를 맞출 수 있었습니다.

임차 마케팅은 2월부터 진행하였고, 3월 22일 잔금 계약서는 3월 31일에 써서 5월부터 월세를 받네요^^

임차를 맞춘 후, 죄송하고 아쉬운 마음에 다른 소장님들께 직접 전화드리고 계약 완료했다고 말씀드렸습니다. 모두 본인 일처럼 사모님 축하드린다고, 잘됐다며 격려해 주셨고, 다음엔 꼭 본인 부동산에서 임차 맞추겠노라고 해주셔서 마음이 너무 따뜻했던 기억입니다.

그리고 그 과정에서 2분이 제가 소개한 부동산에서 임대를 맞추셔서 뿌듯한 마음도 크네요.

경험과 노하우가 좀 뒤죽박죽인 긴 글이 되어 버렸는데;^^; 아파왕 님의 글 제목처럼 임대차는 노력이라고 생각합니다. 저는 이번 임차가 정말 그 어느 때보다 절실했고, 계약서를 쓰고 돌아오던 날 그 공기가 아직도 생생합니다.

▲ 계약서 쓰던 날 인덕원 벚꽃

코너 호실 등 일부 호실을 제외하면 모두 출발선에서 동일하게 경쟁할 수밖에 없고, 내 호실에 특별함이 없다면 발로 뛰어 남들보다 먼저 임대를 맞추셔야 합니다.

모두 우량 임대인으로 임대 맞추시어 두 발 쭉 뻗고 편히 주무시는 나날이 되시길 바랍니다.^^

CHAPTER 06 지식산업센터 입주 가능 업종

지식산업센터에는 입주 가능 업종이 제한되어 있다. 다시 말해 아무 업종이나 다 들어올 수 있는 것이 아니다. 지식산업센터 입주 자격 요건에 맞지 않는 가장 대표적인 업종이 바로 '유통, 도/소매' 업종이다.

아래의 지식산업센터 입주 가능 업종표를 참조하기 바란다.

제조업						
일련 번호	대분류	중분류	소분류	세분류	세세분류	업종 코드
1	제조업	식료품 제조업	수산물 가공 및 저장 처리업	수산동물 가공 및 저장 처리업	수산동물 건조 및 염장품 제조업	10212
2					수산동물 훈제, 조리 및 유사 조제식품 제조업	10211
3					수산동물 냉동품 제조업	10213
4					기타 수산동물 가공 및 저장 처리업	10219
5					수산동물 냉동품 제조업	10213
6					수산동물 건조 및 염장품 제조업	10212
7				수산식물 가공 및 저장 처리업	수산식물 가공 및 저장 처리업	10220
8					수산식물 가공 및 저장 처리업	10220
9			과실, 채소 가공 및 저장 처리업	과실, 채소 가공 및 저장 처리업	김치류 제조업	10301
10					기타 과실 · 채소 가공 및 저장 처리업	10309
11					기타 과실 · 채소 가공 및 저장 처리업	10309
12					기타 과실 · 채소 가공 및 저장 처리업	10309

제조업					
일련 번호	대 분 류	중 분 류	소분류	세분류	세세분류	업종 코드
13	제조업	식료품제조업	동물성 및 식물성 유지 제조업	동물성 및 식물성 유지 제조업	식물성 유지 제조업	10402
14					동물성 유지 제조업	10401
15					식용 정제유 및 가공유 제조업	10403
16					동물성 유지 제조업	10401
17					식물성 유지 제조업	10402
18			낙농제품 및 식용 빙과류 제조업	낙농제품 및 식용 빙과류 제조업	액상 시유 및 기타 낙농제품 제조업 (분유 및 조제분유)	10501
19					액상 시유 및 기타 낙농제품 제조업	10501
20					아이스크림 및 기타 식용 빙과류 제조업	10502
21			곡물 가공품, 전분 및 전분 제품 제조업	곡물 가공품 제조업	기타 곡물 가공품 제조업	10619
22					곡물 도정업	10611
23					곡물 제분업	10612
24					곡물 혼합 분말 및 반죽 제조업	10613
25					곡물 도정업	10611
26				전분제품 및 당류 제조업	전분제품 및 당류 제조업	10620
27					전분제품 및 당류 제조업	10620
28	제조업	식료품제조업	곡물 가공품, 전분 및 전분 제품 제조업	곡물 가공품 제조업	곡물 제분업	10612
29					기타 곡물 가공품 제조업	10619
30					곡물 제분업	10612
31			도축, 육류 가공 및 저장 처리업	육류 가공 및 저장 처리업	가금류 가공 및 저장 처리업	10121
32					육류 기타 가공 및 저장 처리업(가금 류 제외)	10129
33					가금류 가공 및 저장 처리업	10121
34			기타 식품 제조업	떡, 빵 및 과자류 제조업	떡류 제조업	10711
35					과자류 및 코코아 제품 제조업	10713
36					빵류 제조업	10712
37				설탕 제조업	설탕 제조업	10720

제조업					
일련 번호	대 분 류	중 분 류	소분류	세분류	세세분류	업종 코드
38	제 조 업	식 료 품 제 조 업	기타 식품 제조업	면류, 마카로 니 및 유사 식품 제조업	면류, 마카로니 및 유사 식품 제조업	10730
39				조미료 및 식품 첨가물 제조업	천연 및 혼합 조제 조미료 제조업	10742
40					장류 제조업	10743
41					식초, 발효 및 화학 조미료 제조업	10741
42					기타 식품 첨가물 제조업	10749
43				기타 식료품 제조업	건강 보조용 액화식품 제조업	10796
44					커피 가공업	10791
45					두부 및 유사 식품 제조업	10794
46					건강 보조용 액화식품 제조업	10796
47					차류 가공업	10792
48					인삼식품 제조업	10795
49					수프 및 균질화식품 제조업	10793
50					건강 기능식품 제조업	10797
51					그 외 기타 식료품 제조업	10799
52		음 료 제 조 업	알코올 음료 제조업	증류주 및 합성주 제조업	주정 제조업	11121
53					소주 제조업	11122
54					기타 증류주 및 합성주 제조업	11129
55				발효주 제조업	탁주 및 약주 제조업	11111
56					탁주 및 약주 제조업	11111
57					기타 발효주 제조업	11119
58					맥아 및 맥주 제조업	11112
59			비알코올 음료 및 얼음 제조업	비알코올 음료 및 얼음 제조업	기타 비알코올 음료 제조업	11209
60					기타 비알코올 음료 제조업	11209
61					생수 생산업	11202
62					얼음 제조업	11201

제조업						
일련 번호	대 분 류	중 분 류	소분류	세분류	세세분류	업종 코드
63		담 배 제 조 업	담배 제조업	담배 제조업	담배제품 제조업	12000
64		섬 유 제 품 제 조 업 ; 의 복 제 외	방적 및 가공사 제조업	방적 및 가공사 제조업	화학섬유 방적업	13103
65					면 방적업	13101
66	제 조 업	섬 유 제 품 제 조 업 ; 의 복 제 외	방적 및 가공사 제조업	방적 및 가공사 제조업	모 방적업	13102
67					연사 및 가공사 제조업	13104
68					화학섬유 방적업	13103
69					화학섬유 방적업	13103
70					화학섬유 방적업	13103
71					기타 방적업	13109
72					기타 방적업	13109
73					연사 및 가공사 제조업	13104
74			직물 직조 및 직물제품 제조업	직물 직조업	화학섬유직물 직조업	13213
75					모직물 직조업	13212
76					면직물 직조업	13211
77					특수직물 및 기타 직물 직조업	13219
78				직물제품 제조업	침구 및 관련제품 제조업	13221
79					자수제품 및 자수용 재료 제조업	13222
80					천막, 텐트 및 유사 제품 제조업	13224
81					커튼 및 유사 제품 제조업	13223

제조업						
일련 번호	대 분 류	중분 류	소분류	세분류	세세분류	업종 코드
82					직물포대 제조업	13225
83					기타 직물제품 제조업	13229
84					기타 직물제품 제조업	13229
85			섬유제품 염색, 정리 및 마무리 가공업	섬유제품 염색, 정리 및 마무리 가공업	직물, 편조 원단 및 의복류 염색 가공업	13402
86					솜 및 실 염색 가공업	13401
87					날염 가공업	13403
88					섬유제품 기타 정리 및 마무리 가공업	13409
89			기타 섬유 제품 제 조업	카펫, 마루덮 개 및 유사 제 품 제조업	카펫, 마루덮개 및 유사 제품 제조업	13910
90				끈, 로프, 망 및 끈 가공품 제조업	어망 및 기타 끈 가공품 제조업	13922
91					끈 및 로프 제조업	13921
92				그 외 기타 섬유제품 제조업	세폭직물 제조업	13991
93					그 외 기타 분류 안된 섬유제품 제조업	13999
94		섬유 제품 제조 업 ; 의복 제 외	기타 섬유제품 제조업	그 외 기타 섬유제품 제조업	부직포 및 펠트 제조업	13992
95					특수사 및 코드직물 제조업	13993
96					표면처리 및 적층 직물 제조업	13994
97					그 외 기타 분류 안된 섬유제품 제조업	13999
98			편조 원단 제조업	편조 원단 제조업	편조 원단 제조업	13300
99	제 조 업	의 복 ; 의복 액세 서리 및 모피 제품 제조 업	편조 의복 제조업	편조의복 제조업	편조의복 제조업	14300
100			의복 액세서리 제조업	편조 의복 액세서리 제조업	스타킹 및 기타양말 제조업	14411
101					기타 편조 의복 액세서리 제조업	14419
102					기타 편조 의복 액세서리 제조업	14419

제조업						
일련 번호	대 분 류	중분 류	소분류	세분류	세세분류	업종 코드
103			의복 액세서리 제조업	편조 의복 액세서리 제조업	모자 제조업	14491
104					그 외 기타 의복 액세서리 제조업	14499
105		의복 ; '의 복 액 세서 리 및 모피 제품 제조 업	봉제의복 제조업	겉옷 제조업	남자용 겉옷 제조업	14111
106					여자용 겉옷 제조업	14112
107					남자용 겉옷 제조업	14111
108					여자용 겉옷 제조업	14112
109	제 조 업			속옷 및 잠옷 제조업	속옷 및 잠옷 제조업	14120
110				기타 봉제의복 제조업	셔츠 및 블라우스 제조업	14191
111					근무복, 작업복 및 유사 의복 제조업	14192
112					가죽의복 제조업	14193
113					근무복, 작업복 및 유사 의복 제조업	14192
114					유아용 의복 제조업	14194
115					그 외 기타 봉제의복 제조업	14199
116				한복 제조업	한복 제조업	14130
117					한복 제조업	14130
118		가죽 ; 가방 및 신 발 제 조업	가죽, 가 방 및 유 사 제품 제조업	모피 및 가죽 제조업	모피 및 가죽 제조업	15110
119				기타 가죽제 품 제조업	기타 가죽제품 제조업	15190
120				핸드백, 가방 및 기타 보호 용 케이스 제 조업	가방 및 기타 보호용 케이스 제조업	15129
121					핸드백 및 지갑 제조업	15121
122	제 조 업	가죽 ; 가방 및 신 발 제조 업	신발 및 신발 부 분품 제 조업	신발 제조업	구두류 제조업	15211
123				신발 제조업	기타 신발 제조업	15219
124				신발 부분품 제조업	신발 부분품 제조업	15220

일련 번호	대분류	중분류	소분류	세분류	세세분류	업종 코드
					제조업	
125		섬유 제품 제조업 ; 의복 제외	직물 직조 및 직물제품 제조업	직물 직조업	특수직물 및 기타 직물 직조업	13219
126				직물제품 제조업	자수제품 및 자수용 재료 제조업	13222
127			섬유제품 염색, 정리 및 마무리 가공업	섬유제품 염색, 정리 및 마무리 가공업	섬유제품 기타 정리 및 마무리 가공업	13409
128					솜 및 실 염색 가공업	13401
129					직물, 편조 원단 및 의복류 염색 가공업	13402
130					날염 가공업	13403
131	제 조 업	목재 및 나무제품 제조업 ; 가구 제외	제재 및 목재 가공업	제재 및 목재 가공업	일반 제재업	16101
132					목재 보존, 방부처리, 도장 및 유사 처리업	16103
133					표면 가공목재 및 특정 목적용 제재목 제조업	16102
134			나무제품 제조업	박판, 합판 및 강화 목제품 제조업	강화 및 재생 목재 제조업	16212
135					박판, 합판 및 유사 적층판 제조업	16211
136				건축용 나무 제품 제조업	기타 건축용 나무제품 제조업	16229
137					목재 문 및 관련제품 제조업	16221
138				목재 상자, 드럼 및 적재판 제조업	목재 포장용 상자, 드럼 및 유사 용기 제조업	16232
139					목재 깔판류 및 기타 적재판 제조업	16231
140				기타 나무 제품 제조업	목재 도구 및 주방용 나무제품 제조업	16291
141					장식용 목제품 제조업	16292
142					장식용 목제품 제조업	16292
143					그 외 기타 나무제품 제조업	16299
144		펄프 종이 및 종이제품 제조업	펄프, 종이 및 판지 제조업	펄프 제조업	펄프 제조업	17110
145				종이 및 판지 제조업	신문용지 제조업	17121
146					적층, 합성 및 특수 표면처리 종이 제조업	17124
147					기타 종이 및 판지 제조업	17129
148					인쇄용 및 필기용 원지 제조업	17122
149					크라프트지 및 상자용 판지 제조업	17123

					제조업	
일련 번호	대 분 류	중분 류	소분류	세분류	세세분류	업종 코드
150	제 조 업	펄프 종이 및 종이 제품 제조 업	펄프, 종이 및 판지 제조업	종이 및 판지 제조업	기타 종이 및 판지 제조업	17129
151			골판지, 종 이 상자 및 종이 용기 제조업	종이 포대, 판지 상자 및 종이 용기 제조업	판지 상자 및 용기 제조업	17222
152					종이 포대 및 가방 제조업	17221
153					식품 위생용 종이 상자 및 용기 제조업	17223
154					기타 종이 상자 및 용기 제조업	17229
155			기타 종이 이 및 판지 제품 제조업	기타 종이 및 판지 제품 제조업	그 외 기타 종이 및 판지 제품 제조업	17909
156					문구용 종이제품 제조업	17901
157					벽지 및 장판지 제조업	17903
158					위생용 종이제품 제조업	17902
159					그 외 기타 종이 및 판지 제품 제조업	17909
160		인쇄 및 기록 매체 복제 업	인쇄 및 인쇄관련 산업	인쇄업	경 인쇄업	18111
161					스크린 인쇄업	18112
162					경 인쇄업	18111
163					기타 인쇄업	18119
164				인쇄관련 산업	제책업	18122
165					기타 인쇄관련 산업	18129
166					제판 및 조판업	18121
167			기록매체 복제업	기록매체 복제업	기록매체 복제업	18200
168		코크 스 연탄 및 석유 정 제 제품 제조 업	코크스 및 연탄 제 조업	코크스 및 연 탄 제조업	코크스 및 관련제품 제조업	19101
169					연탄 및 기타 석탄 가공품 제조업	19102
170			석유 정제 품 제조업	원유 정제처 리업	원유 정제처리업	19210
171				석유 정제물 재처리업	윤활유 및 그리스 제조업	19221

					제조업	
일련 번호	대 분 류	중분 류	소분류	세분류	세세분류	업종 코드
172	제 조 업	코크 스 연 탄 및 석유 정제 품 제 조업	석유 정 제품 제 조업	석유 정제물 재처리업	기타 석유 정제물 재처리업	19229
173		화학 물질 및 화 학제 품 제 조업 ; 의약 품 제 외	기초 화학 물질 제 조업	기초 무기화 학 물질 제조업	기타 기초 무기화학 물질 제조업	20129
174					산업용 가스 제조업	20121
175					기타 기초 무기화학 물질 제조업	20129
176					기타 기초 무기화학 물질 제조업	20129
177				기초 유기화 학 물질 제조업	석탄화학계 화합물 및 기타 기초 유 기화학 물질 제조업	20119
178	제 조 업	화학 물질 및 화 학제 품 제 조업 ; 의약 품 제 외	기초 화학 물질 제 조업	기초 유기화 학 물질 제조업	석유화학계 기초 화학 물질 제조업	20111
179					천연수지 및 나무 화학 물질 제조업	20112
180				무기 안료, 염료, 유연제 및 기타 착색 제 제조업	무기 안료용 금속 산화물 및 관련 제품 제조업	20131
181					염료, 조제 무기 안료, 유연제 및 기타 착색제 제조업	20132
182			기타 화학 제품 제 조업	잉크, 페인트, 코팅제 및 유사제품 제조업	일반용 도료 및 관련제품 제조업	20411
183					일반용 도료 및 관련제품 제조업	20411
184					요업용 도포제 및 관련제품 제조업	20412
185				세제, 화장품 및 광택제 제조업	치약, 비누 및 기타 세제 제조업	20422
186					치약, 비누 및 기타 세제 제조업	20422
187					화장품 제조업	20423
188					계면활성제 제조업	20421
189					표면 광택제 및 실내 가향제 제조업	20424

				제조업		
일련 번호	대 분 류	중분 류	소분류	세분류	세세분류	업종 코드
190	제 조 업	화학 물질 및 화학 제품 제조 업; 의 약품 제 외	기타 화학 제품 제 조업	세제, 화장품 및 광택제 제조업	표면 광택제 및 실내 가향제 제조업	20424
191				그 외 기타 화학제품 제조업	접착제 및 젤라틴 제조업	20493
192					그 외 기타 분류 안된 화학제품 제조업	20499
193					가공 및 정제염 제조업	20492
194					감광 재료 및 관련 화학제품 제조업	20491
195					화약 및 불꽃제품 제조업	20494
196					그 외 기타 분류 안된 화학제품 제조업	20499
197					화약 및 불꽃제품 제조업	20494
198		의료 용 물질 및 의약 품 제조 업	의약품 제조업	완제 의약품 제조업	완제 의약품 제조업	21210
199				한의약품 제조업	한의약품 제조업	21220
200				동물용 의약 품 제조업	동물용 의약품 제조업	21230
201			기초 의약 물질 및 생 물학적 제 제 제조업	기초 의약 물 질 및 생물 학적 제제 제 조업	의약용 화합물 및 항생물질 제조업	21101
202					생물학적 제제 제조업	21102
203			의료용품 및 기타 의 약 관련제 품 제조업	의료용품 및 기타 의약 관 련제품 제 조업	의료용품 및 기타 의약 관련제품 제조업	21300
204		전자 부품 컴퓨 터 영상 음향 및 통신 장비 제조 업	마그네틱 및 광학 매체 제조업	마그네틱 및 광학 매체 제조업	마그네틱 및 광학 매체 제조업	26600

제조업						
일련 번호	대 분 류	중분류	소분류	세분류	세세분류	업종 코드
205	제 조 업	화학 물 질 및 화 학제품 제조업 ; 의약품 제외	화학 섬유 제조업	화학섬유 제조업	합성섬유 제조업	20501
206		화학 물 질 및 화 학제품 제조업 ; 의약품 제외	화학섬 유 제조업	화학섬유 제조업	재생 섬유 제조업	20502
207	제 조 업	고무 및 플라스 틱제품 제조업	고무제 품 제조업	고무 타이어 및 튜브 생산업	타이어 및 튜브 제조업	22111
208					타이어 재생업	22112
209				기타 고무제 품 제조업	산업용 그 외 비경화 고무제품 제조업	22192
210					그 외 기타 고무제품 제조업	22199
211					고무 패킹류 제조업	22191
212			플라스 틱 제품 제조 업	1차 플라스틱 제품 제조업	플라스틱 선, 봉, 관 및 호스 제조업	22211
213					플라스틱 필름 제조업	22212
214					플라스틱 필름 제조업	22212
215					플라스틱 시트 및 판 제조업	22213
216				건축용 플라 스틱제품 제조업	설치용 및 위생용 플라스틱제품 제조업	22222
217					벽 및 바닥 피복용 플라스틱 제품 제조업	22221
218					플라스틱 창호 제조업	22223
219					기타 건축용 플라스틱 조립제품 제조업	22229
220				포장용 플라 스틱제품 제조업	플라스틱 포대, 봉투 및 유사제품 제 조업	22231
221					포장용 플라스틱 성형용기 제조업	22232
222				기타 플라스 틱 제품 제조업	플라스틱 접착처리 제품 제조업	22291

일련번호	대분류	중분류	소분류	세분류	세세분류	업종코드
					제조업	
223		고무 및 플라스틱제품 제조업	플라스틱 제품 제조업	기타 플라스틱 제품 제조업	그 외 기타 플라스틱 제품 제조업	22299
224					그 외 기타 플라스틱 제품 제조업	22299
225	제조업	비금속 광물제품 제조업	유리 및 유리제품 제조업	산업용 유리 제조업	1차 유리제품, 유리섬유 및 광학용 유리 제조업	23121
226					디스플레이 장치용 유리 제조업	23122
227					기타 산업용 유리제품 제조업	23129
228				기타 유리제품 제조업	가정용 유리제품 제조업	23191
229					포장용 유리용기 제조업	23192
230					그 외 기타 유리제품 제조업	23199
231			내화, 비내화 요업제품 제조업	비내화 일반 도자기 제조업	가정용 및 장식용 도자기 제조업	23221
232					기타 일반 도자기 제조업	23229
233				내화 요업제품 제조업	정형 내화 요업제품 제조업	23211
234	제조업	비금속 광물제품 제조업	내화, 비내화 요업제품 제조업	내화 요업제품 제조업	부정형 내화 요업제품 제조업	23212
235				건축용 비내화 요업제품 제조업	타일 및 유사 비내화 요업제품 제조업	23232
236					점토 벽돌, 블록 및 유사 비내화 요업제품 제조업	23231
237					기타 건축용 비내화 요업제품 제조업	23239
238			시멘트, 석회, 플라스터 및 그 제품 제조업	시멘트, 석회 및 플라스터 제조업	시멘트 제조업	23311
239					석회 및 플라스터 제조업	23312
240					석회 및 플라스터 제조업	23312
241				콘크리트, 레미콘 및 기타 시멘트, 플라스터 제품 제조업	레미콘 제조업	23322
242					플라스터 혼합제품 제조업	23323
243					콘크리트 관 및 기타 구조용 콘크리트제품 제조업	23325
244					콘크리트 타일, 기와, 벽돌 및 블록 제조업	23324

제조업						
일련 번호	대 분 류	중분 류	소분류	세분류	세세분류	업종 코드
245	제 조 업	비금 속 광 물제 품 제 조업	시멘트, 석회, 플 라스터 및 그 제 품 제조 업	콘크리트, 레 미콘 및 기타 시멘트, 플라 스터 제품 제 조업	비내화 모르타르 제조업	23321
246					그 외 기타 콘크리트 제품 및 유사 제 품 제조업	23329
247					콘크리트 타일, 기와, 벽돌 및 블록 제조업	23324
248					콘크리트 관 및 기타 구조용 콘크리 트제품 제조업	23325
249					그 외 기타 콘크리트 제품 및 유사 제 품 제조업	23329
250			기타 비 금속 광 물제품 제조업	석제품 제조업	건설용 석제품 제조업	23911
251					기타 석제품 제조업	23919
252				그 외 기타 비금속 광물 제품 제조업	암면 및 유사 제품 제조업	23994
253					연마재 제조업	23992
254					아스팔트 콘크리트 및 혼합제품 제 조업	23991
255					비금속광물 분쇄물 생산업	23993
256					그 외 기타 분류 안된 비금속 광물제 품 제조업	23999
257					연마재 제조업	23992
258					그 외 기타 분류 안된 비금속 광물제 품 제조업	23999
259		1차 금 속 제 조업	1차 철강 제조업	제철, 제강 및 합금철 제조업	제철업	24111
260					제강업	24112
261					합금철 제조업	24113
262					기타 제철 및 제강업	24119
263				기타 1차 철강 제조업	그 외 기타 1차 철강 제조업	24199
264				철강관 제조업	주철관 제조업	24131
265				철강 압연, 압출 및 연신 제품 제조업	열간 압연 및 압출제품 제조업	24121

제조업						
일련 번호	대분류	중분류	소분류	세분류	세세분류	업종 코드
266			1차 철강 제조업	철강 압연, 압출 및 연신 제품 제조업	냉간 압연 및 압출 제품 제조업	24122
267					철강선 제조업	24123
268				철강관 제조업	강관 제조업	24132
269				기타 1차 철강 제조업	도금, 착색 및 기타 표면 처리 강재 제조업	24191
270					그 외 기타 1차 철강 제조업	24199
271	제조업	1차금속제조업	1차 비철금속 제조업	비철금속 제 련, 정련 및 합금 제조업	기타 비철금속 제련, 정련 및 합금 제조업	24219
272					동 제련, 정련 및 합금 제조업	24211
273					알루미늄 제련, 정련 및 합금 제조업	24212
274					연 및 아연 제련, 정련 및 합금 제조업	24213
275					기타 비철금속 제련, 정련 및 합금 제조업	24219
276					동 제련, 정련 및 합금 제조업	24211
277					알루미늄 제련, 정련 및 합금 제조업	24212
278					연 및 아연 제련, 정련 및 합금 제조업	24213
279				비철금속 압 연, 압출 및 연신제품 제조업	알루미늄 압연, 압출 및 연신제품 제 조업	24222
280					동 압연, 압출 및 연신제품 제조업	24221
281					기타 비철금속 압연, 압출 및 연신제 품 제조업	24229
282				기타 1차 비 철금속 제조업	기타 1차 비철금속 제조업	24290
283			금속 주조업	철강 주조업	선철 주물 주조업	24311
284					강 주물 주조업	24312
285				비철금속 주조업	알루미늄 주물 주조업	24321
286					동 주물 주조업	24322

제조업						
일련 번호	대 분 류	중분 류	소분류	세분류	세세분류	업종 코드
287	제 조 업	1차 금속 제조 업	금속 주 조업	비철금속 주조업	기타 비철금속 주조업	24329
288	제 조 업	금속 가공 제품 제조 업 ; 기계 및 가구 제 외	구조용 금 속제품, 탱 크 및 증기 발생기 제 조업	구조용 금속 제품 제조업	금속 문, 창, 셔터 및 관련제품 제조업	25111
289					구조용 금속 판제품 및 공작물 제 조업	25112
290					육상 금속 골조 구조재 제조업	25113
291					기타 구조용 금속제품 제조업	25119
292				산업용 난방 보일러, 금속 탱크 및 유사 용기 제조업	산업용 난방보일러 및 방열기 제조업	25121
293					산업용 난방보일러 및 방열기 제조업	25121
294					금속 탱크 및 저장 용기 제조업	25122
295				핵반응기 및 증기보일러 제조업	핵반응기 및 증기보일러 제조업	25130
296			기타 금속 가공제품 제조업	그 외 기타 금속 가공제 품 제조업	그 외 기타 분류 안된 금속 가공제 품 제조업	25999
297				금속 단조, 압형 및 분말 야금제품 제조업	분말 야금제품 제조업	25911
298					금속 단조제품 제조업	25912
299					자동차용 금속 압형제품 제조업	25913
300	제 조 업	금속 가공 제품 제조 업 ; 기계 및 가구 제 외	기타 금속 가공제품 제조업	금속 열처리, 도금 및 기타 금속 가공업	그 외 기타 금속 가공업	25929
301					도장 및 기타 피막 처리업	25923
302					절삭 가공 및 유사 처리업	25924
303					금속 열처리업	25921
304					도금업	25922
305					그 외 기타 금속 가공업	25929
306				날붙이, 수공 구 및 일반 철물 제조업	비동력식 수공구 제조업	25933
307					일반 철물 제조업	25932

제조업						
일련 번호	대 분 류	중분 류	소분류	세분류	세세분류	업종 코드
308				날붙이, 수공 구 및 일반 철물 제조업	톱 및 호환성 공구 제조업	25934
309					날붙이 제조업	25931
310					일반 철물 제조업	25932
311					비동력식 수공구 제조업	25933
312		금속 가공 제품 제조 업 ; 기계 및 가구 제 외	기타 금속 가공제품 제조업	금속 파스너, 스프링 및 금 속선 가공제 품 제조업	볼트 및 너트류 제조업	25941
313				금속 파스너, 스프링 및 금 속선 가공제 품 제조업	그 외 금속 파스너 및 나사제품 제 조업	25942
314	제 조 업				금속 스프링 제조업	25943
315				그 외 기타 금속 가공제 품 제조업	금속 캔 및 기타 포장용기 제조업	25991
316					수동식 식품 가공 기기 및 금속 주방 용기 제조업	25992
317					피복 및 충전 용접봉 제조업	25995
318					그 외 기타 분류 안된 금속 가공제품 제조업	25999
319					금속 위생용품 제조업	25993
320					금속 표시판 제조업	25994
321					그 외 기타 분류 안된 금속 가공제품 제조업	25999
322		기타 기계 및 장비 제조 업		펌프 및 압 축기 제조업; 탭, 밸브 및 유사 장치 제 조 포함	탭, 밸브 및 유사 장치 제조업	29133
323				내연기관 및 터빈 제조업; 항공기용 및 차량용 제외	내연기관 제조업	29111
324					기타 기관 및 터빈 제조업	29119
325				유압 기기 제 조업	유압 기기 제조업	29120

제조업						
일련 번호	대 분 류	중 분 류	소분류	세분류	세세분류	업종 코드
326	제 조 업	기 타 기 계 및 장 비 제 조 업	일반 목적용 기계 제조업	펌프 및 압 축기 제조 업; 탭, 밸 브 및 유사 장치 제조 포함	액체 펌프 제조업	29131
327					기체 펌프 및 압축기 제조업	29132
328				베어링, 기 어 및 동력 전달장치 제조업	기어 및 동력전달장치 제조업	29142
329					구름베어링 제조업	29141
330				산업용 오 븐, 노 및 노용 버너 제조업	산업용 오븐, 노 및 노용 버너 제조업	29150
331				산업용 트 럭, 승강기 및 물품 취 급장비 제 조업	산업용 트럭 및 적재기 제조업	29161
332					기타 물품 취급장비 제조업	29169
333					승강기 제조업	29162
334					컨베이어 장치 제조업	29163
335				냉각, 공기 조화, 여과, 증류 및 가 스 발생기 제조업	산업용 냉장 및 냉동장비 제조업	29171
336					공기 조화장치 제조업	29172
337					산업용 송풍기 및 배기장치 제조업	29173
338					기체 여과기 제조업	29174
339					액체 여과기 제조업	29175
340					증류기, 열 교환기 및 가스 발생기 제 조업	29176
341				기타 일 반 목적용 기계 제조업	일반 저울 제조업	29191
342					용기 세척, 포장 및 충전기 제조업	29192
343					분사기 및 소화기 제조업	29193

제조업						
일련 번호	대 분 류	중 분 류	소분류	세분류	세세분류	업종 코드
344			일반 목 적용 기 계 제조 업	사무용 기계 및 장비 제조업	사무용 기계 및 장비 제조업	29180
345					사무용 기계 및 장비 제조업	29180
346				기타 일반 목적 용 기계 제조업	그 외 기타 일반 목적용 기계 제조업	29199
347					동력식 수지 공구 제조업	29194
348	제 조 업	기 타 기 계 및 장 비 제 조 업	특수 목 적용 기 계 제조 업	농업 및 임업용 기계 제조업	농업 및 임업용 기계 제조업	29210
349				가공 공작기계 제조업	금속 절삭기계 제조업	29223
350					전자 응용 절삭기계 제조업	29221
351					기타 가공 공작기계 제조업	29229
352					디지털 적층 성형기계 제조업	29222
353				금속 주조 및 기타 야금용 기 계 제조업	금속 주조 및 기타 야금용 기계 제조업	29230
354				건설 및 광업 용 기계장비 제 조업	건설 및 채광용 기계장비 제조업	29241
355					광물 처리 및 취급장비 제조업	29242
356				음 · 식료품 및 담배 가공기계 제조업	음 · 식료품 및 담배 가공기계 제조업	29250
357				섬유, 의복 및 가죽 가공기계 제조업	기타 섬유, 의복 및 가죽 가공기계 제 조업	29269
358					산업용 섬유 세척, 염색, 정리 및 가공 기계 제조업	29261
359				산업용 로봇 제 조업	산업용 로봇 제조업	29280
360				기타 특수 목적 용 기계 제조업	인쇄 및 제책용 기계 제조업	29293
361					주형 및 금형 제조업	29294
362					펄프 및 종이 가공용 기계 제조업	29291
363					고무, 화학섬유 및 플라스틱 성형기 제조업	29292
364					그 외 기타 특수 목적용 기계 제조업	29299

				제조업		
일련 번호	대 분 류	중분 류	소분류	세분류	세세분류	업종 코드
365		기타 기계 및 장 비 제 조업	특수 목적 용 기계 제조업	반도체 및 디스 플레이 제조용 기계 제조업	반도체 제조용 기계 제조업	29271
366					디스플레이 제조용 기계 제조업	29272
367	제 조 업	금속 가공 제품 제조 업 ; 기계 및 가 구 제 외	무기 및 총포탄 제 조업	무기 및 총포탄 제조업	무기 및 총포탄 제조업	25200
368		전자 부품 컴퓨 터 영 상 음 향 및 통신 장비 제 조 업	컴퓨터 및 주변 장치 제조업	컴퓨터 제조업	컴퓨터 제조업	26310
369				기억 장치 및 주변 기기 제 조업	기타 주변 기기 제조업	26329
370					기억 장치 제조업	26321
371					컴퓨터 모니터 제조업	26322
372					컴퓨터 프린터 제조업	26323
373			전자 부품 제조업	기타 전자 부품 제조업	전자코일, 변성기 및 기타 전자 유 도자 제조업	26294
374		전기 장비 제조 업	가정용 기기 제 조업	가정용 전기 기 기 제조업	주방용 전기 기기 제조업	28511
375					기타 가정용 전기 기기 제조업	28519
376					가정용 전기 난방기기 제조업	28512
377				가정용 비전기 식 조리 및 난 방 기구 제조업	가정용 비전기식 조리 및 난방 기 구 제조업	28520
378			전동기, 발전기 및 전기 변 환 · 공 급 · 제어 장치 제 조업	전동기, 발전 기 및 전기 변 환장치 제조업	전동기 및 발전기 제조업	28111
379					변압기 제조업	28112
380					방전 램프용 안정기 제조업	28113
381					기타 전기 변환장치 제조업	28119

					제조업	
일련 번호	대 분 류	중 분 류	소분류	세분류	세세분류	업종 코드
382	제 조 업	전 기 장 비 제 조 업	전동기, 발 전기 및 전기 변 환·공 급·제어 장치 제 조업	전기 공급 및 제어장치 제조업	전기회로 개폐, 보호 장치 제조업	28121
383					전기회로 접속장치 제조업	28122
384			절연선 및 케이블 제조업	절연선 및 케이블 제조업	기타 절연선 및 케이블 제조업	28302
385					절연 코드세트 및 기타 도체 제조업	28303
386					광섬유 케이블 제조업	28301
387			일차전지 및 축전지 제조업	일차전지 및 축전지 제조업	축전지 제조업	28202
388	제 조 업	전 기 장 비 제 조 업	일차전지 및 축전지 제조업	일차전지 및 축전지 제 조업	일차전지 제조업	28201
389			전구 및 조 명장치 제 조업	전구 및 램프 제조업	전구 및 램프 제조업	28410
390				조명장치 제조업	일반용 전기 조명장치 제조업	28422
391					전시 및 광고용 조명장치 제조업	28423
392					기타 조명장치 제조업	28429
393					운송장비용 조명장치 제조업	28421
394			기타 전기 장비 제 조업	기타 전기장 비 제조업	그 외 기타 전기장비 제조업	28909
395					전기 경보 및 신호장치 제조업	28901
396					전기용 탄소제품 및 절연제품 제조업	28902
397					교통 신호장치 제조업	28903

					제조업	
일련 번호	대 분 류	중분 류	소분류	세분류	세세분류	업종 코드
398				표시장치 제조업	액정 표시장치 제조업	26211
399					기타 표시장치 제조업	26219
400				인쇄회로기 판 및 전자부 품 실장기판 제조업	인쇄회로기판용 적층판 제조업	26221
401			전자 부 품 제조업		경성 인쇄회로기판 제조업	26222
402					그 외 기타 전자 부품 제조업	26299
403				기타 전자 부 품 제조업	전자 축전기 제조업	26291
404					전자 저항기 제조업	26292
405					전자카드 제조업	26293
406		전자 부품 컴퓨 터 영 상 음 향 및 통신 장비 제조 업			전자 감지장치 제조업	26295
407			통신 및 방송장비 제조업	유선 통신장 비 제조업	유선 통신장비 제조업	26410
408				방송 및 무선 통신장비 제 조업	방송장비 제조업	26421
409					이동 전화기 제조업	26422
410					기타 무선 통신장비 제조업	26429
411			영상 및 음향 기 기 제조 업	텔레비전, 비 디오 및 기타 영상 기기 제 조업	비디오 및 기타 영상 기기 제조업	26519
412					텔레비전 제조업	26511
413				오디오, 스피 커 및 기타 음향 기기 제조업	라디오, 녹음 및 재생 기기 제조업	26521
414					기타 음향기기 제조업	26529
415		의료 정밀 광학 기기 및 시 계 제 조업	의료용 기기 제 조업	기타 의료용 기기 제조업	정형 외과용 및 신체 보정용 기기 제 조업	27192
416					그 외 기타 의료용 기기 제조업	27199
417				방사선 장치 및 전기식 진단 기기 제조업	전기식 진단 및 요법 기기 제조업	27112
418					방사선 장치 제조업	27111

			제조업			
일련 번호	대 분 류	중 분 류	소분류	세분류	세세분류	업종 코드
419	제조업	의료정밀광학기기및시계제조업	의료용 기기 제조업	기타 의료용 기기 제조업	치과용 기기 제조업	27191
420					정형 외과용 및 신체 보정용 기기 제조업	27192
421					안경 및 안경렌즈 제조업	27193
422					안경 및 안경렌즈 제조업	27193
423			측정, 시험, 항해, 제어 및 기타 정밀 기기 제조업; 광학 기기 제외	측정, 시험, 항해, 제어 및 기타 정밀 기기 제조업	물질 검사, 측정 및 분석 기구 제조업	27213
424					레이더, 항행용 무선 기기 및 측량 기구 제조업	27211
425					전자기 측정, 시험 및 분석 기구 제조업	27212
426					속도계 및 적산계기 제조업	27214
427					기기용 자동 측정 및 제어장치 제조업	27215
428					기타 측정, 시험, 항해, 제어 및 정밀 기기 제조업	27219
429					산업 처리공정 제어장비 제조업	27216
430		자동차및트레일러제조업	자동차용 엔진 및 자동차 제조업	자동차 제조업	화물 자동차 및 특수 목적용 자동차 제조업	30122
431				자동차 제조업	승용차 및 기타 여객용 자동차 제조업	30121
432				자동차용 엔진 제조업	자동차용 엔진 제조업	30110
433			자동차 차체 및 트레일러 제조업	자동차 차체 및 트레일러 제조업	트레일러 및 세미 트레일러 제조업	30203
434					차체 및 특장차 제조업	30201
435					자동차 구조 및 장치 변경업	30202
436			자동차 신품 부품 제조업	자동차 엔진용 신품 부품 제조업	자동차 엔진용 신품 부품 제조업	30310
437				자동차 차체용 신품 부품 제조업	자동차 차체용 신품 부품 제조업	30320

일련번호	대분류	중분류	소분류	세분류	세세분류	업종코드
					제조업	
438		자동차 및 트레일러 제조업	자동차 신품 부품 제조업	자동차용 기타 신품 부품 제조업	그 외 자동차용 신품 부품 제조업	30399
439					자동차용 신품 조향장치 및 현가장치 제조업	30391
440					자동차용 신품 제동장치 제조업	30392
441	제조업	기타 운송 장비 제조업	선박 및 보트 건조업	선박 및 수상 부유 구조물 건조업	강선 건조업	31111
442					기타 선박 건조업	31113
443					선박 구성 부분품 제조업	31114
444					기타 선박 건조업	31113
445					합성수지선 건조업	31112
446					기타 선박 건조업	31113
447				오락 및 스포츠용 보트 건조업	오락 및 스포츠용 보트 건조업	31120
448			철도 장비 제조업	철도장비 제조업	철도 차량 부품 및 관련 장치물 제조업	31202
449					기관차 및 기타 철도 차량 제조업	31201
450	제조업	기타 운송 장비 제조업	항공기, 우주선 및 부품 제조업	항공기용 엔진 및 부품 제조업	항공기용 부품 제조업	31322
451				항공기용 엔진 및 부품 제조업	항공기용 엔진 제조업	31321
452			그 외 기타 운송 장비 제조업	모터사이클 제조업	모터사이클 제조업	31920
453				그 외 기타 분류 안된 운송 장비 제조업	자전거 및 환자용 차량 제조업	31991
454				전투용 차량 제조업	전투용 차량 제조업	31910
455				그 외 기타 분류 안된 운송 장비 제조업	그 외 기타 달리 분류되지 않은 운송 장비 제조업	31999

제조업						
일련 번호	대 분 류	중분 류	소분류	세분류	세세분류	업종 코드
456		가구 제조 업	가구 제 조업	기타 가구 제조업	금속 가구 제조업	32091
457					그 외 기타 가구 제조업	32099
458				침대 및 내장 가구 제조업	매트리스 및 침대 제조업	32011
459					소파 및 기타 내장 가구 제조업	32019
460				목재 가구 제조업	기타 목재 가구 제조업	32029
461					주방용 및 음식점용 목재 가구 제 조업	32021
462	제 조 업	기타 제품 제조 업	귀금속 및 장신 용품 제 조업	귀금속 및 관 련제품 제조업	귀금속 및 관련제품 제조업	33110
463				모조 귀금속 및 모조 장신 용품 제조업	모조 귀금속 및 모조 장신용품 제 조업	33120
464			악기 제조업	악기 제조업	기타 악기 제조업	33209
465					건반 악기 제조업	33201
466					전자 악기 제조업	33202
467			운동 및 경기용 구 제조 업	운동 및 경기 용구 제조업	체조, 육상 및 체력 단련용 장비 제 조업	33301
468					기타 운동 및 경기용구 제조업	33309
469					놀이터용 장비 제조업	33302
470					낚시 및 수렵용구 제조업	33303
471			인형, 장 난감 및 오락용 품 제조 업	인형, 장난감 및 오락용품 제조업	인형 및 장난감 제조업	33401
472					인형 및 장난감 제조업	33401
473					영상게임기 제조업	33402
474					기타 오락용품 제조업	33409
475					기타 오락용품 제조업	33409
476			그 외 기 타 제품 제조업	가발, 장식용 품 및 전시용 모형 제조업	가발 및 유사 제품 제조업	33931
477					표구 처리업	33933
478					전시용 모형 제조업	33932
479				간판 및 광고 물 제조업	간판 및 광고물 제조업	33910

제조업						
일련 번호	대 분 류	중분 류	소분류	세분류	세세분류	업종 코드
480	제 조 업	기타 제품 제조 업	그 외 기 타 제품 제조업	사무 및 회화 용품 제조업	사무 및 회화용품 제조업	33920
481				그 외 기타 분 류 안된 제품 제조업	비 및 솔 제조업	33993
482	제 조 업	기타 제품 제조 업	그 외 기 타 제품 제조업	그 외 기타 분 류 안된 제품 제조업	그 외 기타 달리 분류되지 않은 제 품 제조업	33999
483					단추 및 유사 파스너 제조업	33991
484					라이터, 연소물 및 흡연용품 제조업	33992
485					그 외 기타 달리 분류되지 않은 제 품 제조업	33999
486					그 외 기타 달리 분류되지 않은 제 품 제조업	33999
487				그 외 기타 사 업 지원 서비스업	포장 및 충전업	75994
488				금속 열처리, 도금 및 기타 금속 가공업	절삭 가공 및 유사 처리업	25924
489					그 외 기타 금속 가공업	25929
490				자동차용 기타 신품 부품 제조업	그 외 자동차용 신품 부품 제조업	30399

수도, 하수 및 폐기물 처리, 원료 재생업						
일련 번호	대분류	중분류	소분류	세분류	세세분류	업종 코드
1	수도, 하수 및 폐 기물 처리, 원료 재생업	환경 정화 및 복원업	환경 정화 및 복원업	환경 정화 및 복원업	토양 및 지하 수 정화업	39001
2					기타 환경 정 화 및 복원업	39009

정보통신업						
일련번호	대분류	중분류	소분류	세분류	세세분류	업종코드
1	정보통신업	출판업	서적, 잡지 및 기타 인쇄물 출판업	서적 출판업	교과서 및 학습 서적 출판업	58111
2					만화 출판업	58112
3				신문, 잡지 및 정기 간행물 출판업	잡지 및 정기 간행물 발급업	58122
4					신문 발급업	58121
5					정기 광고 간행물 발급업	58123
6				기타 인쇄물 출판업	기타 인쇄물 출판업	58190
7			소프트웨어 개발 및 공급업	시스템 · 응용 소프트웨어 개발 및 공급업	응용 소프트웨어 개발 및 공급업	58222
8				게임 소프트웨어 개발 및 공급업	유선 온라인 게임 소프트웨어 개발 및 공급업	58211
9					기타 게임 소프트웨어 개발 및 공급업	58219
10				시스템 · 응용 소프트웨어 개발 및 공급업	시스템 소프트웨어 개발 및 공급업	58221
11		우편 및 통신업	전기 통신업	무선 및 위성 통신업	무선 및 위성 통신업	61220
12				기타 전기 통신업	통신 재판매업	61291
13					그 외 기타 전기 통신업	61299
14				유선 통신업	유선 통신업	61210
15		정보서비스업	자료 처리, 호스팅, 포털 및 기타 인터넷 정보 매개 서비스업	자료 처리, 호스팅 및 관련 서비스업	자료 처리업	63111
16					호스팅 및 관련 서비스업	63112
17			기타 정보 서비스업	그 외 기타 정보 서비스업	데이터베이스 및 온라인 정보 제공업	63991

정보통신업						
일련 번호	대 분 류	중 분 류	소분류	세분류	세세분류	업종 코드
18	정보통신업	컴퓨터 프로그래밍, 시스템 통합 및 관리업	컴퓨터 프로그래밍, 시스템 통합 및 관리업	컴퓨터 시스템 통합 자문, 구축 및 관리업	컴퓨터 시스템 통합 자문 및 구축 서비스업	62021
19					컴퓨터시설 관리업	62022
20				컴퓨터 프로그래밍 서비스업	컴퓨터 프로그래밍 서비스업	62010
21				기타 정보 기술 및 컴퓨터 운영 관련 서비스업	기타 정보 기술 및 컴퓨터 운영 관련 서비스업	62090
22		영상 · 오디오 기록물 제작 및 배급업	오디오물 출판 및 원판 녹음업	오디오물 출판 및 원판 녹음업	음악 및 기타 오디오물 출판업	59201
23			영화, 비디오물, 방송 프로그램 제작 및 배급업	영화, 비디오물 및 방송 프로그램 제작업	방송 프로그램 제작업	59114
24					광고 영화 및 비디오물 제작업	59113
25					일반 영화 및 비디오물 제작업	59111
26	정보통신업	영상 · 오디오 기록물 제작 및 배급업	영화, 비디오물, 방송 프로그램 제작 및 배급업	영화, 비디오물 및 방송 프로그램 제작 관련 서비스업	영화, 비디오물 및 방송 프로그램 제작 관련 서비스업	59120
27					애니메이션 영화 및 비디오물 제작업	59112
28					미디어콘텐츠창작업	59111

전문, 과학 및 기술 서비스업						
일련 번호	대 분 류	중분류	소분류	세분류	세세분류	업종 코드
1					물리, 화학 및 생물학 연구개발업	70111
2				자연과학 연구개발업	농림수산학 및 수의학 연구개발업	70112
3					의학 및 약학 연구개발업	70113
4		연구개 발업			기타 자연과학 연구개발업	70119
5				공학 연구 개발업	전기 · 전자공학 연구개발업	70121
6					기타 공학 연구개발업	70129
7			인문 및 사 회과학 연 구개발업	인문 및 사 회과학 연 구개발업	기타 인문 및 사회과학 연구개발업	70209
8					경제 및 경영학 연구개발업	70201
9	전 문, 과 학 및 기 술 서 비 스 업	전문 서 비스업	회계 및 세 무관련 서 비스업	회계 및 세 무관련 서 비스업	기타 회계 관련 서비스업	71209
10			시장 조사 및 여론 조 사업	시장 조사 및 여론 조 사업	시장 조사 및 여론 조사업	71400
11			회사 본부 및 경영 컨 설팅 서비 스업	경영 컨설 팅 및 공공 관계 서비 스업	경영 컨설팅업	71531
12					경영 컨설팅업(경영지도사)	71531
13		건축 기 술, 엔지 니어링 및 기타 과학기 술 서비 스업	건축 기술, 엔지니어 링 및 관련 기술 서비 스업	건축 및 조 경 설계 서 비스업	건축 설계 및 관련 서비스업	72111
14					건축 설계 및 관련 서비스업 (건축사)	72111
15					도시 계획 및 조경 설계 서비스업	72112
16				엔지니어링 서비스업	기타 엔지니어링 서비스업	72129
17					건물 및 토목 엔지니어링 서비스 업(기술사)	72121
18					건물 및 토목 엔지니어링 서비 스업	72121
19					환경 관련 엔지니어링 서비스업	72122
20			기타 과학 기술 서비 스업	측량, 지질 조사 및 지 도 제작업	측량업	72921

전문, 과학 및 기술 서비스업

일련 번호	대 분 류	중분류	소분류	세분류	세세분류	업종 코드
21	전 문, 과 학 및 기 술 서 비 스 업	건축 기 술, 엔지 니어링 및 기타 과학기 술 서비 스업	기타 과학 기술 서비 스업	측량, 지질 조사 및 지 도 제작업	지도 제작업	72924
22					제도업	72922
23					지질 조사 및 탐사업	72923
24				기술 시험, 검사 및 분 석업	기타 기술 시험, 검사 및 분석업	72919
25					기타 기술 시험, 검사 및 분석업 (기술지도사)	72919
26					물질 성분 검사 및 분석업	72911
27		전문 서 비스업	광고업	광고 대행업	광고 대행업	71310
28				기타 광고업	옥외 및 전시 광고업	71391
29					광고물 문안, 도안, 설계 등 작 성업	71393
30		기타 전 문, 과 학 및 기 술 서비 스업	전문 디자 인업	전문 디자인업	시각 디자인업	73203
31					인테리어 디자인업	73201
32					제품 디자인업	73202
33					패션, 섬유류 및 기타 전문 디자 인업	73209
34			그 외 기타 전문, 과학 및 기술 서 비스업	그 외 기타 전문, 과학 및 기술 서 비스업	번역 및 통역 서비스업	73902
35					사업 및 무형 재산권 중개업	73903
36					물품 감정, 계량 및 견본 추출업	73904
37					사업 및 무형 재산권 중개업	73903

사업시설 관리, 사업 지원 및 임대 서비스업

일련번호	대분류	중분류	소분류	세분류	세세분류	업종코드
1	사업시설 관리, 사업 지원 및 임대 서비스업	사업지원 서비스업	경비, 경호 및 탐정업	보안 시스템 서비스업	보안 시스템 서비스업	75320
2			기타 사업 지원 서비스업	그 외 기타 사업 지원 서비스업	포장 및 충전업	75994
3					전시, 컨벤션 및 행사 대행업	75992
4					콜센터 및 텔레마케팅 서비스업	75991
5					콜센터 및 텔레마케팅 서비스업	75991
6		사업시설 관리 및 조경 서비스업	사업시설 유지·관리 서비스업	사업시설 유지·관리 서비스업	사업시설 유지·관리 서비스업	74100

교육서비스업

일련번호	대분류	중분류	소분류	세분류	세세분류	업종코드
1	교육서비스업	교육서비스업	일반 교습 학원	일반 교습 학원	일반 교과학원	85501
2					일반 교과학원	85501
3					일반 교과학원	85501
4					일반 교과학원	85501
5					온라인 교육학원	85503
6			기타 교육 기관	스포츠 및 레크리에이션 교육기관	기타 스포츠 교육기관	85692
7					태권도 및 무술 교육기관	85611
8				그 외 기타 교육기관	컴퓨터 학원	85691
9					그 외 기타 분류 안된 교육기관	85699
10			초등 교육 기관	유아 교육 기관	유아 교육기관	85110

						교육서비스업	
일련 번호	대 분 류	중 분 류	소분류	세분류	세세분류	업종 코드
11	교 육 서 비 스 업	교 육 서 비 스 업	초등 교육 기관	초등학교	초등학교	85120
12			중등 교육 기관	일반 중등 교 육기관	중학교	85211
13					일반 고등학교	85212
14				특성화 고등 학교	상업 및 정보산업 특성화 고등 학교	85221
15					공업 특성화 고등학교	85222
16					기타 특성화 고등학교	85229
17			고등 교육 기관	고등 교육 기관	전문대학	85301
18					대학교	85302
19					대학원	85303
20			특수학교, 외국인학 교 및 대안 학교	외국인학교	외국인학교	85420
21				특수학교	특수학교	85410
22				대안학교	대안학교	85430
23				사회교육 시설	사회교육시설	85640
24			교육 지원 서비스업	교육 지원 서 비스업	기타 교육지원 서비스업	85709
25					교육관련 자문 및 평가업	85701

에필로그

지식산업센터 투자, 아직 늦지 않았다.

최근 상담 고객들에게 '한 2~3년 정도만 더 일찍 지식산업센터를 알았었다면 좋았을 텐데…'라는 이야기를 자주 듣는다.

이건 필자 역시 마찬가지 입장이다. 실입주 목적으로 2014년에 지식산업센터를 매입하여 처음 지식산업센터를 접한 시기는 다른 사람에 비해서 이른 편이었지만, 그 당시 적극적으로 지식산업센터에 투자하지 않은 것을 지금도 후회하고 있다.

날이 갈수록 지식산업센터 가격은 계속 상승하고 있지만, 수익률은 매년 하락하고 있다. 하지만 아직 지식산업센터 투자 시기가 늦은 것은 아니다. 지금도 옥석을 가려 보면서 충분히 투자하기 좋은 지식산업센터를 찾을 수 있다.

지식산업센터는 실입주 목적으로서도, 투자 목적으로서도 훌륭하다.

실입주자들은 월세의 절반도 안 되는 이자를 내면서 사옥을 마련하고 자산가치 상승도 기대해볼 수 있다. 그리고 만약 전용:20평의 실사용 공간이 필요하다면 전용:40평을 분양받거나 매수한 후 절반을 임대로 준다면 임대공간에서 나오는 월세로 대출 이자 및 관리비를 모두 충당할 수 있는 장점도 있다.

투자자들은 지식산업센터 투자를 통해 경제적인 자유를 누릴 수도 있다.

서울의 아파트 한 채 가격이 10억쯤은 가뿐하게 넘어가는 상황에서 상대적으로 적은 금액인 약 5억 정도의 실투자금만으로도 순월세 임대소득을 약 500만 원가량 만들어 낼 수 있다. 파이어족을 꿈꾸는 이들은 지식산업센터 투자를 통하여 조기 은퇴의 꿈을 이룰 수도 있을 것이다.

지금껏, 지식산업센터에 대해 상담받고자 직접 찾아오시는 고객들에게, 또 전화로 상담하시는 분들에게 설명해 드리다 보니, 아무래도 책을 출간하여 지식산업센터에 관심 있는 분들에게 더 많은 도움을 드리는 것이 낫겠다는 생각이 들어 이렇게 책을 내게 되었다.

부디 이 책이 지식산업센터 실입주나 투자에 관심 있는 모든 분들에게 도움이 되길 바란다.

성치경 (아파왕)